军事地形学与定向越野

(第三版)

胡允达　金明野　主　编

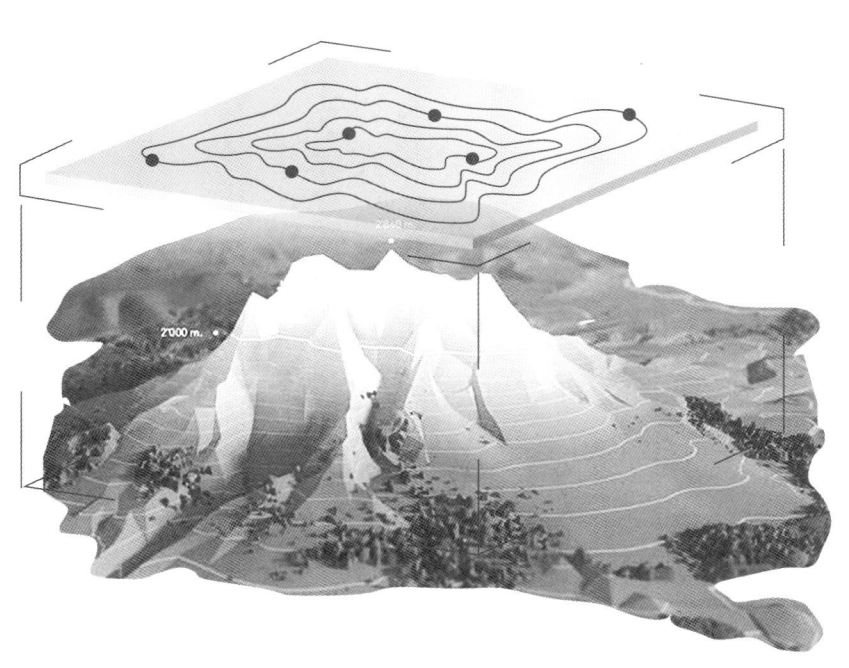

武汉大学出版社

图书在版编目(CIP)数据

军事地形学与定向越野 / 胡允达,金明野主编. -- 3 版. -- 武汉：武汉大学出版社, 2025.9. -- ISBN 978-7-307-25064-2

Ⅰ.E991;G826

中国国家版本馆 CIP 数据核字第 202509HH21 号

责任编辑：鲍　玲　　　责任校对：汪欣怡　　　版式设计：马　佳

出版发行：**武汉大学出版社**　　（430072　武昌　珞珈山）

（电子邮箱：cbs22@whu.edu.cn　网址：www.wdp.com.cn）

印刷：武汉科源印刷设计有限公司

开本：787×1092　1/16　　印张：10.75　　字数：256 千字　　插页：1

版次：2011 年 8 月第 1 版　　2015 年 1 月第 2 版

　　　2025 年 9 月第 3 版　　2025 年 9 月第 3 版第 1 次印刷

ISBN 978-7-307-25064-2　　　　定价：45.00 元

版权所有，不得翻印；凡购我社的图书，如有质量问题，请与当地图书销售部门联系调换。

再 版 前 言

军事地形学是从军事需要出发，研究如何识别和利用地形的一门学科，其核心内容是研究在军事上如何识别和利用地形，是现代军人必须掌握的重要内容，也是我国教育部、中央军委国防动员部根据《普通高等学校学生军事课教学大纲》规定的大学生军事理论课必修内容之一。

定向越野运动是一项带有军事色彩的体育运动。它是以识图用图的基本知识和良好的身体素质为基础，智力与体力相结合，借助地图、指北针等工具，在各种地形环境中开展的一项综合性体育运动。它具有体育锻炼、休闲郊游、智力较量等多项功能，是一项不分性别、年龄的体育运动。

定向越野运动是一项深受大众欢迎的运动，我国定向越野运动也正在逐渐普及，越来越受到人们的欢迎，全国每年举行多种级别、多种类型的定向越野运动比赛。

在武汉大学，定向越野运动在学生中广泛开展，由军事教研室开设的"军事地形学与定向越野"选修课深受欢迎，学生选课十分踊跃。武汉大学定向越野运动队已组建，并参加了全国各级别、各类型的比赛。

此书为武汉大学人文社会科学研究项目"军事地形学与定向运动研究"的成果，同时作为武汉大学"军事地形学与定向越野"通识选修课教材用书，也可作为定向越野运动爱好者的参考书籍。本书由胡允达、金明野主编，张志新、金妍、冯智参与了编写。

根据广大读者要求，本教材于2025年再次进行了修订。此次修订增加了"校园操场（百米）定向比赛组织"一节，对校园定向越野运动作了详细介绍，为定向越野、教学、训练和比赛等活动提供参考。由于作者水平有限，不当之处在所难免，欢迎大家批评指正。

本教材编写过程中参考了部分作者的书籍，在此一并致谢！

本书作者
2025 年 5 月

目 录

上篇 军事地形学

第一章 地形对军队行动的影响 ··· 3
第一节 地形的概述 ··· 3
一、什么是地形 ··· 3
二、地形的分类 ··· 3
三、研究地形的内容及方法 ··· 3
第二节 不同地形的特点及其对军队行动的影响 ························· 4
一、平原地形对作战行动的影响 ·· 4
二、山地地形对作战行动的影响 ·· 5
三、丘陵地形对作战行动的影响 ·· 6
四、居民地地形对作战行动的影响 ······································· 7

第二章 地形图基本常识 ··· 8
第一节 地图投影 ·· 8
一、地球的形状及地球点位的确定 ······································· 8
二、地球椭球的有关名称 ·· 9
三、高斯投影原理 ··· 9
第二节 地形图分幅与编号 ·· 11
第三节 方位、方位角与偏角 ··· 15
一、方位角 ·· 15
二、方位角的换算 ··· 17
第四节 坐标 ·· 18
一、坐标的构成 ·· 19
二、坐标的量读 ·· 20
第五节 地图比例尺 ··· 23
一、比例尺的概念 ··· 23
二、比例尺的大小和用途 ·· 24
三、比例尺的表示形式 ··· 25
四、图上距离的量算 ·· 25

第三章 地形图的识别 … 29
第一节 地物符号 … 29
一、地物符号的图形特点及分类 … 29
二、符号的有关规定 … 32
三、识别与记忆符号的一般规律 … 36
四、识别与使用地物符号应注意的问题 … 39
第二节 地貌判读 … 39
一、等高线表示地貌 … 40
二、地貌识别 … 43
三、高程与高差的判定 … 48
四、地面起伏与坡度的判定 … 50
五、地貌判定应注意的问题 … 51

第四章 地形图的使用 … 54
第一节 方位判定 … 54
一、利用指北针判定 … 54
二、利用北极星判定 … 55
三、利用太阳和时表判定 … 56
四、利用地物特征判定 … 56
第二节 标定地图 … 57
一、概略标定 … 58
二、用指北针标定 … 58
三、利用直长地物标定 … 59
四、依明显地形点标定 … 59
五、依北极星标定 … 59
第三节 确定站立点 … 60
一、目估法（判定法） … 60
二、后方交会法 … 60
三、截线法 … 61
四、磁方位角交会法 … 62
五、极距法 … 62
六、定直线法 … 63
七、注意事项 … 64
第四节 现地对照地形 … 64
一、对照地形的顺序 … 64
二、现地对照的方法 … 64
三、平原、山地、丘陵对照的要领 … 65
四、现地对照应注意的问题 … 65

五、确定目标点 ··· 66
第五节　利用地图行进 ··· 69
　　一、行进前的准备 ··· 69
　　二、徒步沿道路行进 ··· 70
　　三、越野行进 ·· 70
　　四、夜间行进 ·· 70

第五章　野外生存 ··· 73
第一节　野外生存的准备 ··· 73
　　一、野外生存活动的策划 ·· 73
　　二、野外生存活动装备 ··· 74
　　三、野外生存活动的训练 ·· 76
第二节　野外活动技能 ··· 77
　　一、食物的获取 ·· 77
　　二、寻找水源 ·· 78
第三节　野外运动中常见问题的处置 ··· 79
　　一、在水系区域注意事项 ·· 79
　　二、常见意外受伤的处置 ·· 80
　　三、对雷电的防御 ··· 80
　　四、遇到动物的处置方法 ·· 80
　　五、防野生昆虫叮咬 ··· 82
第四节　户外运动常用急救方法 ··· 83
　　一、止血 ·· 83
　　二、包扎 ·· 84
　　三、骨折固定 ·· 84
　　四、搬运伤员的方法 ··· 85
　　五、心肺复苏的方法 ··· 85

下篇　定向运动

第六章　定向越野运动概述及意义 ··· 89
第一节　定向越野运动概述 ·· 89
　　一、定向运动 ·· 89
　　二、定向越野运动 ··· 89
　　三、定向越野运动的分类 ·· 89
　　四、定向运动的历史 ··· 89
　　五、定向运动重大国际赛事 ··· 90
　　六、中国的定向运动 ··· 90
第二节　定向越野运动的意义 ··· 90
　　一、定向越野运动的群众性 ··· 90

二、定向越野运动的趣味性 …………………………………………… 91
三、定向越野运动的竞争性 …………………………………………… 91
四、定向越野运动具有一定的军事意义 ……………………………… 91

第七章 定向越野运动基本知识 ………………………………………… 92
第一节 定向运动的特性 ……………………………………………… 92
一、定向运动的技能要求 ……………………………………………… 92
二、定向运动的体能要求 ……………………………………………… 92
三、定向运动的智能要求 ……………………………………………… 92
第二节 定向运动的器材、设备 ……………………………………… 92
一、定向运动地图 ……………………………………………………… 93
二、定向指北针 ………………………………………………………… 96
三、检查点标志 ………………………………………………………… 97
四、点签 ………………………………………………………………… 98
五、检查卡片 …………………………………………………………… 99
六、符号化检查点说明表 ……………………………………………… 99
七、其他器材和设备 …………………………………………………… 107

第八章 定向越野运动的技能 …………………………………………… 108
第一节 定向越野运动的技术 ………………………………………… 108
一、野外辨别方向 ……………………………………………………… 108
二、熟练使用越野图和指北针 ………………………………………… 108
三、越野跑的技术 ……………………………………………………… 109
第二节 定向越野的技能 ……………………………………………… 113
一、出发点动作 ………………………………………………………… 113
二、运动中的动作 ……………………………………………………… 113
三、检查点上的动作 …………………………………………………… 118
四、终点的动作 ………………………………………………………… 119

第九章 定向越野训练 …………………………………………………… 120
第一节 定向运动教练员的训练 ……………………………………… 120
一、教练员应具备的素质 ……………………………………………… 120
二、训练计划的制订 …………………………………………………… 120
第二节 定向运动运动员的训练 ……………………………………… 121
一、运动员应具备的素质 ……………………………………………… 121
二、运动员体能训练 …………………………………………………… 121
三、运动员定向技能训练 ……………………………………………… 122
四、心理素质训练 ……………………………………………………… 124

第十章　定向越野比赛场地及路线设计规则 125
第一节　比赛场地的选择和设置 125
一、比赛场地的选择 125
二、比赛场地的设置 126
第二节　比赛场地的路线设计 128
一、比赛场地的路线设计 128
二、接力比赛的路线设计 130
三、设计路线应注意的问题 133

第十一章　定向越野赛事组织 135
第一节　定向比赛的筹备 135
第二节　定向比赛前的准备 135
第三节　定向比赛中的组织 136
一、裁判组主要成员的工作分工 136
二、裁判组的工作程序和方法 137
三、记录公告组 139
四、保障组 139
第四节　定向比赛后的工作 139
一、赛后的具体工作 139
二、犯规与处罚 139
三、特殊情况的处置办法——仲裁方法参考 140
第五节　校园操场（百米）定向越野赛事组织 141
一、校园操场（百米）定向的特点 141
二、校园操场（百米）定向的场地设置要求 142
三、校园操场（百米）定向图 142
四、校园百米定向路线设计的要求 142

第十二章　定向越野竞赛规则 145
第一节　总则 145
一、竞赛项目 145
二、竞赛分组 145
三、竞赛的参加者 146
四、竞赛组织委员会 146
第二节　技术规则 147
一、竞赛区域 147
二、竞赛用图 148
三、竞赛路线的设计 148
四、竞赛距离与爬高量 148

五、竞赛路线在地图上的表示 …………………………………………… 149
　　六、检查点说明 …………………………………………………………… 149
　　七、检查点标志 …………………………………………………………… 149
　　八、检查卡片 ……………………………………………………………… 150
　　九、出发顺序的编排 ……………………………………………………… 150
　　十、出发 …………………………………………………………………… 150
　　十一、终点计时及名次排列 ……………………………………………… 151
　　十二、接力赛 ……………………………………………………………… 151
　第三节　裁判方法 …………………………………………………………… 152
　　一、裁判委员会 …………………………………………………………… 152
　　二、裁判机构及人数 ……………………………………………………… 152
　　三、总裁判 ………………………………………………………………… 152
　　四、起点裁判组 …………………………………………………………… 152
　　五、检查点裁判组 ………………………………………………………… 153
　　六、终点裁判组 …………………………………………………………… 153
　　七、犯规与处罚 …………………………………………………………… 153
　　八、裁判工作用品 ………………………………………………………… 154
　　九、竞赛总结报告 ………………………………………………………… 155

附录Ⅰ …………………………………………………………………………… 156

附录Ⅱ　教学/考试参考图 …………………………………………………… 157

参考文献 ………………………………………………………………………… 161

上篇　军事地形学

　　军事地形学是从军事需要出发，研究如何识别和利用地形的一门学科。本篇主要内容包括：地形对军队行动的影响，识别与使用地图，参谋业务等。

　　人类活动一般都是在地球表面进行的，地球表面的千姿百态就是地形。对人类而言，地形，是人类一切实践活动的基础，是组织指挥军队作战、训练的主要依据。我国古代军事家孙武在《孙子兵法·地形篇》中指出："夫地形者，兵之助也""知彼知己，胜乃不殆；知天知地，胜乃不穷。"在我国抗日战争、解放战争时期，毛泽东同志多次指出地形对战争的重要性，指出一切作战行动都必须研究和利用地形。在现代信息化条件下的高技术战争，地形对军队作战行动的影响不仅没有减少，而且更加深刻广泛。只要未来战争还在地面进行，地形就是人们不能忽视的重要因素。

第一章　地形对军队行动的影响

第一节　地形的概述

一、什么是地形

地形是地球表面高低起伏的形态和各类物体的总和。地球表面高低起伏的形态称为地貌，如山地、丘陵、平原等。地物是地球表面人工或自然的固定性物体，如居民地、道路、江河、森林、建筑物等。地形是地貌和地物的总称。

二、地形的分类

地形是地球表面不同的地貌和地物错综结合而形成的。人们在实践中基于利用地形的不同要求，采取不同的分类方法。在通常情况下，人们根据地貌总的自然起伏的形态，将地形分为山地地形、丘陵地形和平原地形三大类。从地形对军事行动的影响角度出发，将地形分为山林地地形、石灰岩地形、水网稻田地地形、黄土地形、沙漠戈壁地形、城市居民地形、海岸岛屿地形、草原地形、沼泽地形等。在军事上，我国的地形分为十四类。

三、研究地形的内容及方法

不同的地形及其不同的地形要素，对作战行动的影响是不同的。地形制约和影响的特性，称为地形的作战特性。军事地形学研究的对象就是地形的作战特性。

由于各种地形具有不同的作战特性，地形对军队不同的行动均产生不同的影响，特别是在电子信息技术高速发展的今天，作战样式、方法、手段都发生了深刻的变化，因而研究地形的方法、手段也相应发生了变化。就目前而言，研究地形的内容和方法主要有以下几个方面。

1. 研究的主要内容

（1）地形对机动条件的影响；

（2）地形对观察、射击条件的影响；

（3）地形对阵地编成和火器配置条件的影响；

（4）地形对工程构筑和隐蔽伪装条件的影响；

（5）地形对通信联络的影响；

（6）地形对防护条件的影响；

（7）地形对军兵种协同的影响；

（8）地形对部队生存的影响；

(9) 地形对组织指挥的影响。

2. 研究的主要方法

(1) 现地勘探和现地侦察研究地形；

(2) 利用地形图、专题地图研究地形；

(3) 利用航空像片研究地形；

(4) 利用沙盘研究地形；

(5) 利用电视显示系统研究地形；

(6) 利用计算机研究地形。

此外，还可以通过情报以及兵要地志等来研究地形。利用地形图是研究地形的基本方法，研究地形的诸方法各有特点。对某一地域进行地形研究，只要条件允许一般采用多种方法相结合。

第二节 不同地形的特点及其对军队行动的影响

军队的活动都是在一定的地形条件下进行的，都要受到地形条件的影响和制约。战争史证明，无论是进攻还是防御，在其他条件都具备的情况下，善于利用地形者的，可以减少损失，取得战斗的胜利；否则，会给战斗增加困难，甚至遭受挫折或失败。所以，古今中外的军事家，无不重视分析研究地形对军队战斗行动的影响，趋利避害，确保自己立于不败之地。

一、平原地形对作战行动的影响

所谓平原地形，即以平坦广阔的地貌要素为主导要素形成的地形（见图1-1）。一般是指海拔在200米以下，高差在50米以下，坡度平缓、起伏很小的以平坦广阔的地貌为主的地形。其地形要素的特点是河渠较密，水源丰富，水利设施较完善；居民地密集，经济发达；道路成网，交通便利；农田耕地成片，森林覆盖较少，但经济作物发达。考虑到地理环境，我国可进一步分为南方平原地形和北方平原地形。

图1-1 平原

南方平原地形雨量充足，湖泊池塘较多，江河沟渠纵横，以水稻种植为主。这种平原地形称为水网稻田地形。

水网稻田地形虽平坦广阔，但由于河湖港汊横穿于稻田之间，除主干道路连接较大居民地外，次要道路等级较北方平原低，故严重影响大部队行动，特别是装甲部队的越野机动。防守方一旦控制了交通枢纽、机场、港口、桥梁和重要居民地时，便切断了进攻方可能的行动路线。故我国南方平原对作战行动的影响，是利于防守而不利于进攻。

北方平原上旱地遍布，居民地比较集中且多形成密集街区。除干线公路外，简易公路以下等级的道路较南方平原的相对宽且直，许多机耕路除雨季外，一般可通行汽车，越野机动条件较好；除常年有水的大河以外，一般的河流雨季有水，水渠分布较规则；田间道旁渠畔行树成荫，夏秋季节高秆作物具有一定的隐蔽性。因此，北方平原利于机动，便于装甲部队从行进间发起进攻；交通枢纽、道路交叉口、桥梁和居民地对控制对方的作战行动具有重要意义，往往成为敌对双方争夺的焦点；零散分布的小高地、土堆、土堤具有一定的制高和隐蔽作用；装甲车辆和其他战斗车辆暴露行驶的距离长，有利于反坦克武器及其他武器的瞄准射击；地表土质利于构筑工事，便于改造地形以限制对方机动。所以，像我国北方平原这样的地形易攻而难守。

二、山地地形对作战行动的影响

山地是层峦叠嶂，脉络明显，高差大于 200 米，坡度较大的地表形态（见图 1-2）。这种地形条件下，地表岩层裸露或离地表很浅，起伏连绵，多绝壁悬崖，河谷深切，水流湍急；居民地沿河谷分布，密集的大居民地稀少，道路网不发达，主要干线公路较平原、丘陵地形的少且等级低，而且坡度、方向变化大；其植被类型受气候和海拔的共同影响，我国山地地形的植被覆盖率极不平衡。山地地貌上覆盖有森林时，则形成山林地形，而位于热带的则形成热带山林丛林。

图 1-2 山地

山地障碍作用强，可以阻滞敌人，减缓敌人的进攻速度，也可利用绝壁陡坡、山隘狭谷据壕坚守；层峦叠嶂、蜿蜒起伏的环境隐蔽条件好；居高临下，便于观察；山回路转，便于设伏，诱敌深入，围而聚歼；山地脉络相连，周密计划后，可为进、退之据点；能阻止进攻之敌的隐蔽迂回、穿插分割，在山地可以居高扼险，卡口制路，从而对敌方实施阻、挡、击、歼，故有利于防御。

山地坡陡谷深，影响部队机动，狭谷关隘、桥梁渡口、瓶颈地带，是攻者必须警惕的陷阱地带；翻山越涧，道路崎岖，不利于机械化部队行动和展开；联络和机动受限，不利于围歼。有的山地山脉远伸，横阻纵横，有利于迂回；进攻力量难以集中，有利于分散徒步，不利于协同作战，因而指挥不便，难以速决，故不利于进攻。

三、丘陵地形对作战行动的影响

丘陵是丘岗起伏，高差小（一般在200米以内）、坡度缓和，没有明显脉络联系的地貌形态（见图1-3）。丘陵地形是以丘陵地貌为主叠加其他各地形要素的地形。

图1-3 丘陵

在丘陵地形条件下，高差、坡度较小，丘岗间谷地较宽，故障碍作用相对减小；居民地多靠丘岗坡脚分布，沿道路、河流交汊处的居民地较大且较密集，道路较多且较平直。由于该地形宜农宜林，一般隐蔽作用好，便于伪装；丘岗间无明显脉络联系，观察射击条件较好；水系随地理位置和气候条件而异，位于我国南方时，河水丰沛，而位于我国北方时，河水水量则随季节而变化。

丘陵坡缓谷宽，道路较发达，便于机械化部队作战；障碍作用较山地小，利于穿插、迂回、分割；土层较厚，取材方便，易于筑城，而且具有较好的防御强度；丘岗间观察射击条件好，便于相互支援，阵地的坚韧性强；便于隐蔽和伪装；便于直射火器做超越射击，便于通信联络的指挥。

所以，丘陵地形宜于守，也宜于攻，是适合大兵团作战的地形。

四、居民地地形对作战行动的影响

人类集聚定居的地区叫居民地（见图1-4）。居民地按其性质与人口数量的多少分为城市、集镇、村庄。城市通常是某一地区政治、经济和文化的中心，也是当地交通枢纽，人口众多，建筑高大密集而坚固，建筑设施较多，交通方便。集镇相对城市而言，范围较小，人口较少，建筑不如城市高大坚固密集，地下建筑设施较少，交通较城市便利。村庄是较小的居民地，人口不多，房屋矮小，多平房院落。

图1-4 居民地

在居民地地形条件下，建筑物密集，易于设置障碍；房屋参差错落，观察受限，不便发挥火力，不便于指挥；城市房屋密集，极易隐蔽；高层现代建筑，结构坚固，有一定的防护能力，但战时房屋易倒塌、起火燃烧；水管、煤气管道容易破裂，引起火患、爆炸和中毒；城市便于组织立体防御，攻防均易形成巷战，战斗进程缓慢，给进攻者兵力增加创造机会等。

以上几类基本地形对军队行动的影响为分析在其他地形条件下对军队行动的影响奠定了基础。在其他地形条件下进行战斗行动时，只需考虑其他地形不同的因素即可。比如山林地地形，只需在分析山地因素的基础上，再考虑森林较多这一因素即可。

地形对军队行动的影响是广泛的。在现代高技术战争条件下，地形对战斗行动的影响仍然十分重要，了解地形对军队行动的影响，趋利避弊，并根据需要能动地改造和创造地形，以便在未来的战争中赢得胜利。

☞ **复习思考题**

1. 判断平原、丘陵、山地的标准是什么？
2. 各种地形的特点是什么？
3. 各种地形对军队行动的影响有哪些？

第二章 地形图基本常识

地图，是地球表面的缩写。它是按一定的投影方法和比例关系，以规定的符号、颜色和注记，把现地地形综合测绘在平面图纸上的图。依据表示的内容不同，地图可分为普通地图和专题地图。普通地图是综合反映地球表面现象特征的地图。专题地图是突出表示一种或几种自然或社会经济现象的地图。例如：地形图、世界地图都属于普通地图，而交通图、军事地形图均属于专题地图。

第一节 地 图 投 影

地球表面是一个不可展开的曲面，而地图是平面的。为解决这一矛盾，通过运用数学方法和一定规则，将地球椭球面的点和线，转绘到平面上的方法，就叫地图投影。

地图投影的方法很多，通常根据投影变形性质和构成方法分类。按变形性质地图投影可分为等角投影、等面积投影和任意投影。按构成方法地图投影可分为几何投影和非几何投影。我国军用地图是以高斯-克吕格投影为基础绘制的，这一投影方法由19世纪德国数学家高斯创立，后经克吕格研究改进，并把它应用到椭球面上，故称高斯-克吕格投影，简称高斯投影。从地图投影变形性质来说，高斯-克吕格投影是等角投影；从构成方法分析，高斯-克吕格投影是一种横切椭圆柱投影。

一、地球的形状及地球点位的确定

地球的形状大体是一个椭圆球体，其自然表面起伏不平，很不规则。最高的地方是我国的珠穆朗玛峰，高出海平面8848.86米，最深的地方是太平洋里的马里亚纳海沟，深度约11034米。两者相差近两万米。这种高低不平的表面，对于巨大的地球来说，是微不足道的，所以测量上为便于表示地球的形状和大小，就对这高低不平的表面忽略不计了。设想海水处于完全静止的时候，把它延伸到陆地内部，形成一个封闭的曲面，这个封闭的曲面叫作水准面。由于海水有潮涨潮落的情况，海水面时高时低，这样的水准面就会有无数个。平均海水面就是从中选择出的一个最接近于地球表面的水准面，人们把这个处于静止平衡状态的平均海水面向陆地内部延伸所形成的封闭曲面称为大地水准面。把大地水准面所包围的球体叫大地球体，通常以此代替地球的自然形状。大地水准面，虽比地球的自然表面规则得多，但它仍是一个不规则的曲面。因此，在测量和制图的有关计算中，就用一个长短半轴与地球的形状大小极为接近的椭圆，绕其短轴旋转而成的"旋转椭球"来代替它。这种旋转椭球，又叫"地球椭球"（见图2-1）。地球的大小是用它的长半轴、短半轴和赤道周长等数表示的。各国科学家在不同年代用不同的方法推算出许多不同的数据，目前我国采用的地球椭球是CGCS2000椭球，参数如下：长半轴是6378137米，短半轴约为6356752米，扁率为1∶298.3（见图2-1）。

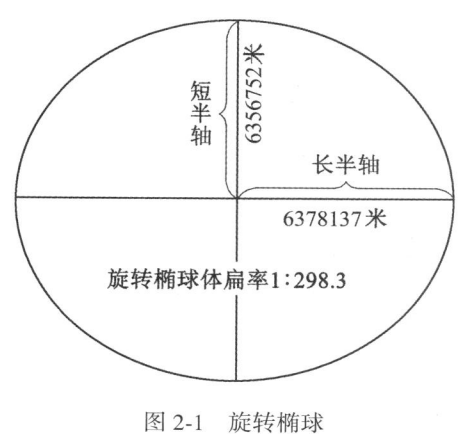

图 2-1　旋转椭球

二、地球椭球的有关名称

地心：地球的中心。

地轴：地球自转的轴，从南到北并通过地心。

北极：地轴的北端点，以 N 表示。

南极：地轴的南端点，以 S 表示。

赤道面和赤道：通过地心并垂直于地轴的平面，称为赤道面。赤道面与地球表面相交的圆，称为赤道。赤道上的任何一点到南北极的距离都相等。

纬线：通过地面某点平行于赤道的平面与地球表面的交线，称为该点的纬线，又称平行圈。纬线是准确的东西方向线。

纬度：地球椭球面上某点的法线与赤道面间的夹角，称为该点的纬度。从赤道向南、北两极量度，各由 0°到 90°。位于赤道以北的称北纬，以南的称南纬。我国位于北半球，纬度均为北纬。

纬差：地面上某两点的纬度值之差。

回归线：是南、北纬各 23°26′处的两个纬度圈，称为南、北回归线。

极圈：地球上距南、北极各 23°26′的纬度圈。

子午面和经线：通过地面某点包含地球南北极的平面，叫该点的子午面。子午面与地球表面的交线，叫经线，又叫子午线或真子午线。经线是准确的南北方向线。

起始经线：通过英国伦敦格林尼治天文台子午仪中心的经线，叫起始经线，又叫首子午线。它是 1884 年国际经度会议规定的。

经度：地面上某点的子午面与首子午面间的夹角，叫该点的经度。由首子午面分别向东、向西量度，各由 0°到 180°。在首子午面以东的叫东经，以西的叫西经。我国位于东半球，经度均为东经（见图 2-2）。

经差：地面上某两点的经度值之差。

三、高斯投影原理

高斯投影的基本概念，可以这样理解：假想用一个椭圆柱横套在地球椭球的外面，与

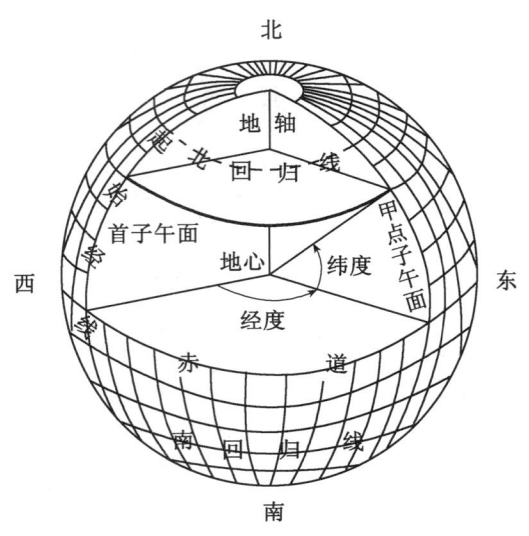

图 2-2 地球椭球各点的名称

某一经线（即中央经线）相切，并使椭圆柱轴通过地心，然后根据等角不变的条件，用数字的方法将地球的经纬线投影到椭圆柱面上。为了控制变形，先按一定的经差将地球表面划分为若干带，再使椭圆柱面依次和每一带的中央经线相切，并把各带中央经线东西两侧一定经差范围内的经纬线网投影到椭圆柱面上，然后从两极将该椭圆柱面切开展平，即得到地球各带经纬线网在平面上的图形（见图 2-3）。

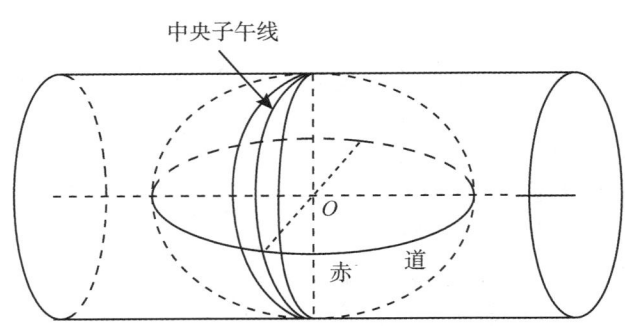

图 2-3 高斯-克吕格投影

我国 1∶2.5 万、1∶5 万、1∶10 万、1∶20 万、1∶50 万比例尺地形图，采用的是经差 6°分带方法，即以起始经线为零，由西向东每隔经差 6°为一带，将全球分为 60 个带，各带的带号依次用 1，2，3…，60 表示。每带的中央经线，依次为 3°、9°、15°、…、357°。我国位于东经 72°至 138°之间，共占 11 个投影带，即 13 至 23 带，各带的中央经线依次为 75°、81°、87°、…、135°（见图 2-4）。

1∶1 万及大于 1∶1 万比例尺地形图，采用的是经差 3°分带方法，并规定中央经线的经度均为整度数。因此，3°分带就不是从零子午线开始，而是从1°30′的经线开始。

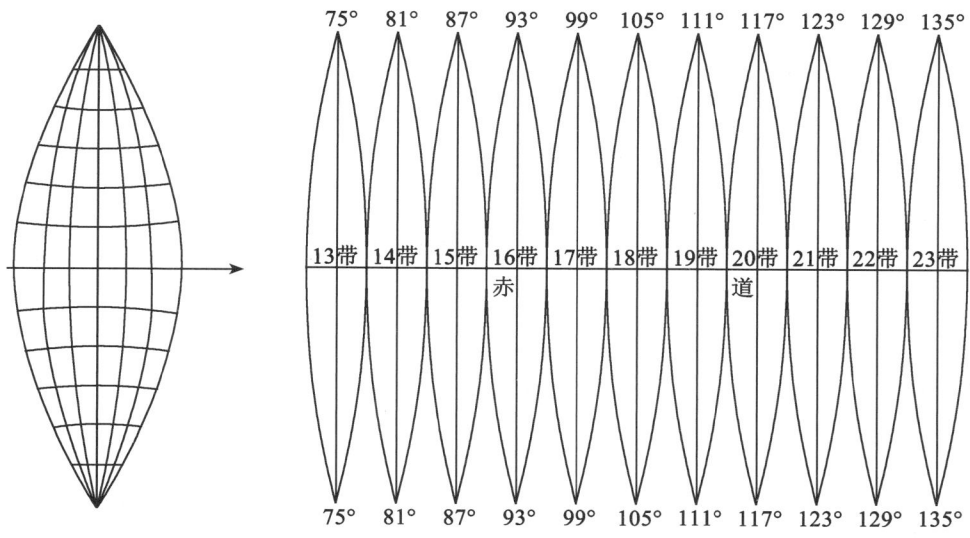

图 2-4 高斯投影带在平面上的图形

从上述投影原理来看，有以下几个主要特点：

（1）中央经线和赤道，投影后成为互相垂直的直线，其余各经线都是曲线，并以中央经线为轴，东西对称；以赤道为轴，南北对称。

（2）投影后无角度变形，即地球椭球面任意两线间的夹角，经过投影后，其大小不变。

（3）中央经线，投影后长度无变形，即中央经线与实地等长，其余各经线都有不同程度的增长，距中央经线越远，增长越大，但最大的长度变形值（每带边缘经线比赤道交点的变形值）为1/742。因我国大陆位于北纬20°以上，故最大的变形值约为1/800。

（4）坐标纵线偏角很小，最大值不超过3°。

（5）为方便计算，各带的投影具有一致性，只要计算出一带的坐标，其他各带均可应用。

由于该投影具有精度高、变形小、计算方便等优点，完全可以满足在大比例尺地形图上进行各种精确量测和计算的要求，可以满足军事上的各种需要，因而被世界各国广泛采用，成为国际上常用的一种地图投影。我国军队目前使用的1∶5万、1∶10万、1∶20万、1∶50万比例尺地形图都是采用这种投影方法。

第二节 地形图分幅与编号

按一定的方式将大面积的地图划分为尺寸适宜的单幅地图，叫作地图分幅。为便于有计划地组织地图生产、发放、保管和使用，给每幅单幅地图赋以规律性的代号，称为图幅编号。地图分幅编号的原则是：必须保证各幅图拼接时地形没有重叠和遗漏；各种比例尺图幅的大小、规格趋于一致，且互有联系；以便于测制、保管、发放和使用等。根据这些原则，地图有矩形分幅和经纬线分幅。矩形分幅常用于局部地区的大比例尺工程图，或中小比例尺地图的截幅；经纬线分幅，又称梯形分幅（严格地说不是梯形），多为地形图采用。编号的方法有很多种，常用的有行列编号法、经纬度编号法和自然序数编号法等。

我国基本比例尺地形图的分幅和编号，是以国际1∶100万地图分幅、编号为基础，按一定的纬差和经差进行统一分幅的，因此，各种比例尺地形图的图幅都有一定的倍数关系。其编号相互之间有一定的联系（见表2-1）。

表 2-1　　　　　　　　　我国基本比例尺地形图的分幅关系

比例尺	图幅大小		图幅间数量关系						说明
	纬差	经差	1∶100万	1∶50万	1∶20万	1∶10万	1∶5万	1∶2.5万	
1∶100万	4°00′	6°00′	1	=4	=36	=144	=576	=2304	以1∶100万为基础
1∶50万	2°00′	3°00′		1	=9	=36	=144	=576	
1∶20万	40′00″	1°00′			1	=4	=16	=64	
1∶10万	20′00″	30′00″				1	=4	=16	
1∶5万	10′00″	15′00″					1	4	以1∶10万为基础
1∶2.5万	5′00″	7′30″						1	

分幅编号可归纳为三个系统。

（一）　1∶100万地形图的分幅和编号

按国际百万分之一地图分幅编号方法，每幅1∶100万地形图的实地范围为纬差4°，经差6°。

从赤道起，向南、北两极每纬差4°为一横列，将南、北半球各划为22个横列，依次用数字（英文字母）1，2，3，…，22（A，B，C，…）表示。

从经度180°起算，按逆时针方向（自西向东），每经差6°为一纵行，全球共划分60个纵行，依次用数字1，2，3，…，60表示。各图幅的编号按其所在的"横列数字-纵行数字"的顺序组成。

由于南、北半球经度相同，纬度相应的图幅编号是一样的，为了区别南、北半球的图幅，在图号前分别冠以字母S（南）和N（北），我国国土均在北半球，故将字母"N"省略。

由于经线是向两极收敛的，在南、北纬度60°以上的地区，相同纬差、经差图幅所包含的实地面积大大缩小，故采取合幅的方法；规定在纬度60°~76°范围内，每幅图为纬差4°，经差12°；在纬度76°~88°范围内，每幅图为纬差4°，经差24°，其图幅编号采取连写的办法，如北纬80°~84°，东经132°的一幅图，编号为21~37、38、39、40。前面"21"，表示第21横列，后面的四组数，是第几个行数的连写（见图2-5）。

（二）　1∶50万、1∶20万、1∶10万地形图的分幅和编号

这三种比例尺地形图的分幅和编号都是以1∶100万地形图为基础。把一幅1∶100万

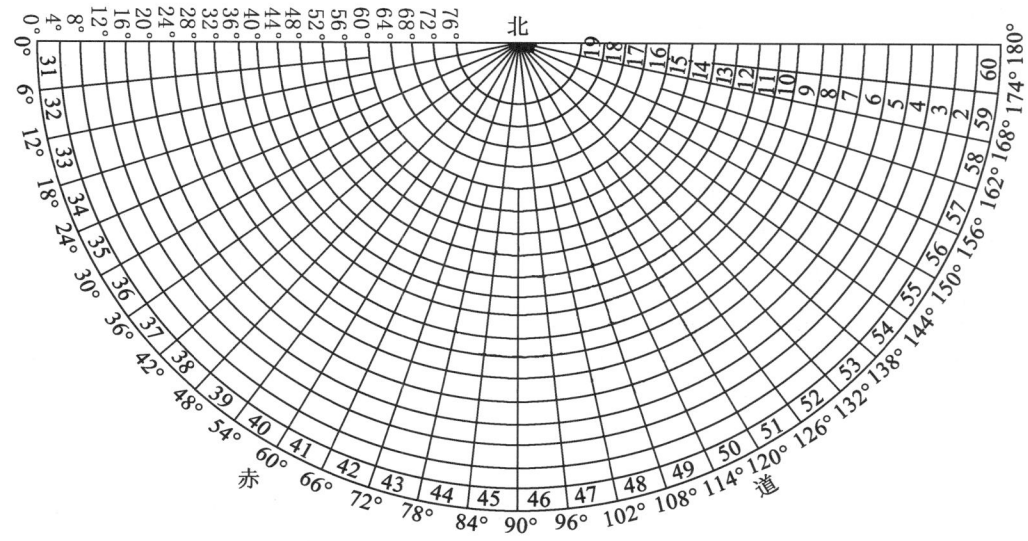

图 2-5 1∶100 万地形图的分幅和编号

地形图划分为 4 幅 1∶50 万地形图，36 幅 1∶20 万地形图，144 幅 1∶10 万地形图。其编号则是在 1∶100 万地形图图幅编号的后面，分别加上 1∶50 万、1∶20 万和 1∶10 万地形图的代号。

1) 1∶50 万地形图的分幅和编号

每幅 1∶50 万地形图所包括的实地范围为纬差 2°，经差 3°。即把一幅 1∶100 万地形图按纬差 2°，经差 3°划分为 4 幅 1∶50 万地形图，分别以甲、乙、丙、丁表示，其编号是在 1∶100 万地形图图号的后面加上相应的代号。例如，某地所在 1∶50 万地形图图幅的编号为 9-50-丙（见图 2-6）。

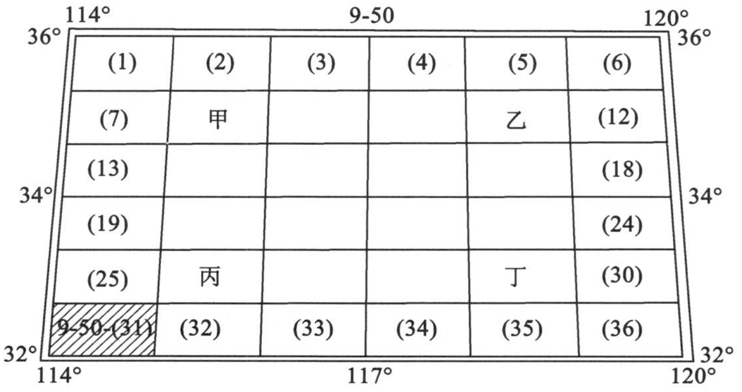

图 2-6 1∶50 万、1∶20 万地形图的分幅和编号

2）1∶20万地形图的分幅和编号

每幅1∶20万地形图所包括的实地范围为纬差40′，经差1°。也就是把一幅1∶100万地形图按纬差40′、经差1°划分为36幅1∶20万地形图，分别用带括号的数字（1），（2），（3），…，（36）表示，其编号是在1∶100万地形图图号的后面加上相应的代号（见图2-6）。

3）1∶10万地形图的分幅和编号

每幅1∶10万地形图所包括的实地范围为纬差20′，经差30′。即把一幅1∶100万地形图按纬差20′，经差30′划分为144幅1∶10万地形图，分别用数字1，2，3，…，144表示。其编号是在1∶100万地形图图号的后面加上相应的代号。例如，某地所在1∶10万地形图图幅的编号为9-50-133（见图2-7）。

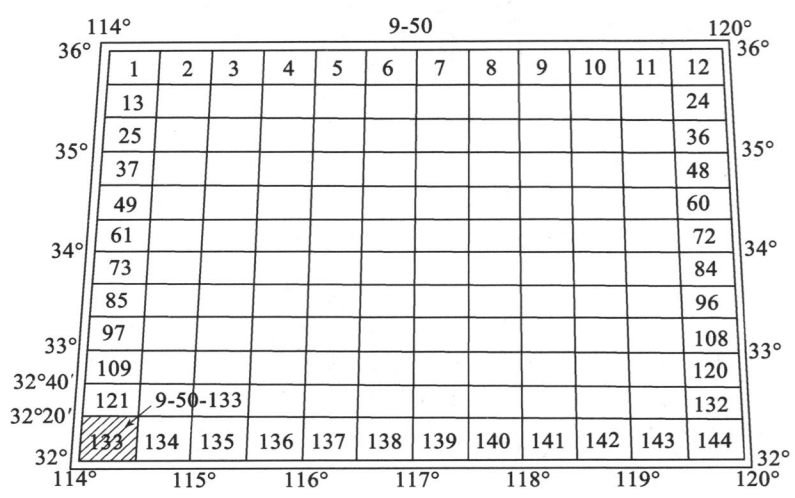

图2-7　1∶10万地形图的分幅和编号

（三）1∶5万、1∶2.5万地形图的分幅和编号

1∶5万、1∶2.5万地形图的分幅和编号，是以1∶10万地形图为基础，将一幅1∶10万地形图划分为4幅1∶5万地形图、16幅1∶2.5万地形图，其编号则是在1∶10万地形图图幅编号的后面分别写上1∶5万、1∶2.5万地形图的代号。

1）1∶5万地形图的分幅与编号

1∶5万地形图所包括的实地范围为纬度10′，经差15′。即把一幅1∶10万地形图按纬差10′，经差15′划分为4幅1∶5万地形图，分别用甲、乙、丙、丁表示。其编号是在1∶10万地形图图号的后面加上相应的代号。例如，某地所在1∶5万地形图图幅的编号为9-50-133-丙（见图2-8）。

2）1∶2.5万地形图的分幅和编号

每幅1∶2.5万地形图所包含的实地范围为纬差5′，经差7′30″。即把一幅1∶5万地形图按纬差 5′，经差 7′30″划分为 4 幅 1∶2.5 万地形图，分别用数字 1、2、3、4 表示，其编号是在 1∶5 万地形图图号的后面加上相应的代号。例如，某地所在 1∶2.5 万地形图图幅的编号为 9-50-133-丙-1（见图 2-8）。

某地所在各种比例尺地形图的图号比较如下：

    1∶100 万   9-50

    1∶50 万   9-50-丙

    1∶20 万   9-50-（31）

    1∶10 万   9-50-133

    1∶5 万   9-50-133-丙

    1∶2.5 万   9-50-133-丙-1

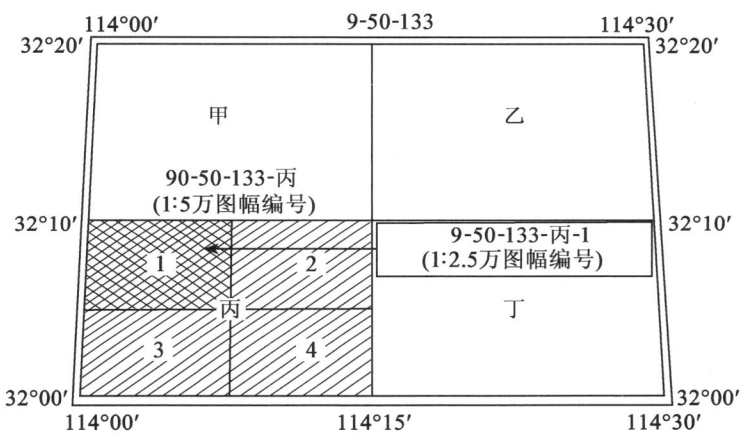

图 2-8 1∶5 万、1∶2.5 万地形图的分幅和编号

以上介绍的地形图的分幅和编号，是 1970 年以后采用的方法。

第三节 方位、方位角与偏角

方位为军队语言，民间称为方向。以某点为基准，指向某个方向（东、南、西、北）即为方位，方位以密位计算。军队规定：东南西北一圈为 6000 密位，记为 0~6000。东南西北对应密位分别为 15-00、30-00、45-00、0-00 密位（方位）。地球上任何物体，密位是固定的。在军事行动中，只要注明某物的密位，军人都能按规定的方位行动。

一、方位角

从某点的指北方向线起，依顺时针方向到目标方向线之间的水平夹角，称为该点的方位角。它是用密位（或用度、分、秒）来表示的（见图 2-9）。

根据现代用图的需要，地形图上定向采用了三种不同的起始方向线，即真子午线、磁子午线、坐标纵线，因此，从某点到同一目标，就有三种不同的方位角（见图2-9）。

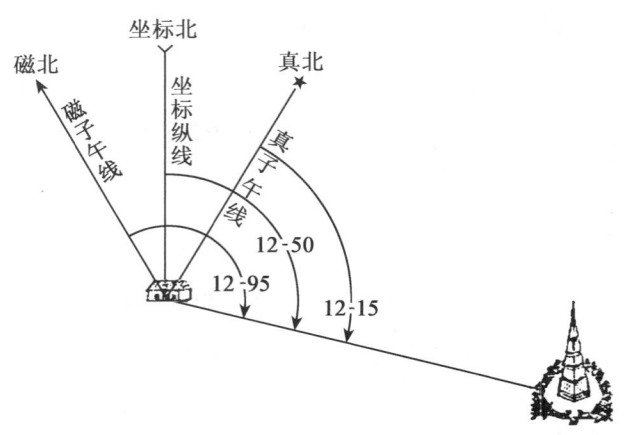

图2-9　三种不同的方位角

1. 真子午线和真方位角

真子午线，就是通过任一点的经线。因为经线是通过地球南北极的，所以它所指的方向是准确的南北方向，简称真北。在1∶1万～1∶10万地形图上，其东西内图廓线，就是真子午线。

从某点的真子午线起，依顺时针方向到目标方向线之间的水平夹角，叫该点的真子午角。其通常在精密测量中使用。

2. 磁子午线和磁方位角

磁子午线，就是地面某点磁针所指的南北方向线，简称磁北（根据1975年测量，磁北极位于北纬76°12′、西经100°36′，磁南极位于南纬65°48′、东经139°24′）。在地形图南、北图廓上绘有磁南、磁北（P、P'），其两点的连线，就是该图的磁子午线。

从某点的磁子午线起，依顺时针方向到目标方向线之间的水平夹角，叫该点的磁方位角。其在航空、航海、炮兵射击、军队行进时，都有广泛使用。

3. 坐标纵线和坐标方位角

坐标纵线，就是地形图上的纵里线。它是大致的南北方向线，简称坐标北。

从某点的坐标纵线起，依顺时针方向到目标方向线之间的水平夹角，叫该点的坐标方位角。其被炮兵使用较多，它不但便于从图上量取，还可以换算为磁方位角。

由于真子午线、磁子午线和坐标纵线（简称"三北"方向线）的方向不一致，它们三者之间所构成的水平夹角，称为偏角或三北方向角。偏角共有三种：

（1）磁偏角：磁子午线与真子午线间的夹角，叫磁偏角。磁偏角是以真子午线为准，磁子午线在真子午线以东的为东偏，角度值为正；磁子午线在真子午线以西的为西偏，角度值为负。磁偏角是经实地测得的；偏角大小，因地而异；同一地点磁偏角又随时间而有变化。地形图上所表示的磁偏角，是该图幅范围内磁偏角的平均值。

（2）坐标纵线偏角：坐标纵线与真子午线的夹角，叫坐标纵线偏角，又叫子午线收敛角。以真子午线为准，坐标纵线在真子午线以东的为东偏，角度值为正；坐标纵线在真子午线以西的为西偏，角度值为负。在每个高斯投影带中央经线以东的图幅均为东偏，以西的图幅均为西偏。距中央经线和赤道越近，偏角越小；反之，偏小越大，但最大不超过3°。

（3）磁坐偏角：磁子午线与坐标纵线间的夹角，叫磁坐偏角。以坐标纵线为准，磁子午线在坐标纵线以东的为东偏，角度值为正；磁子午线在坐标纵线以西的为西偏，角度值为负。它有时为磁偏角和坐标纵线偏角之和，有时为两者之差。

由上述三种偏角组成的偏角图（即"三北"方向角），绘在地形图南图廓下方。偏角图有十种，如图2-10所示。

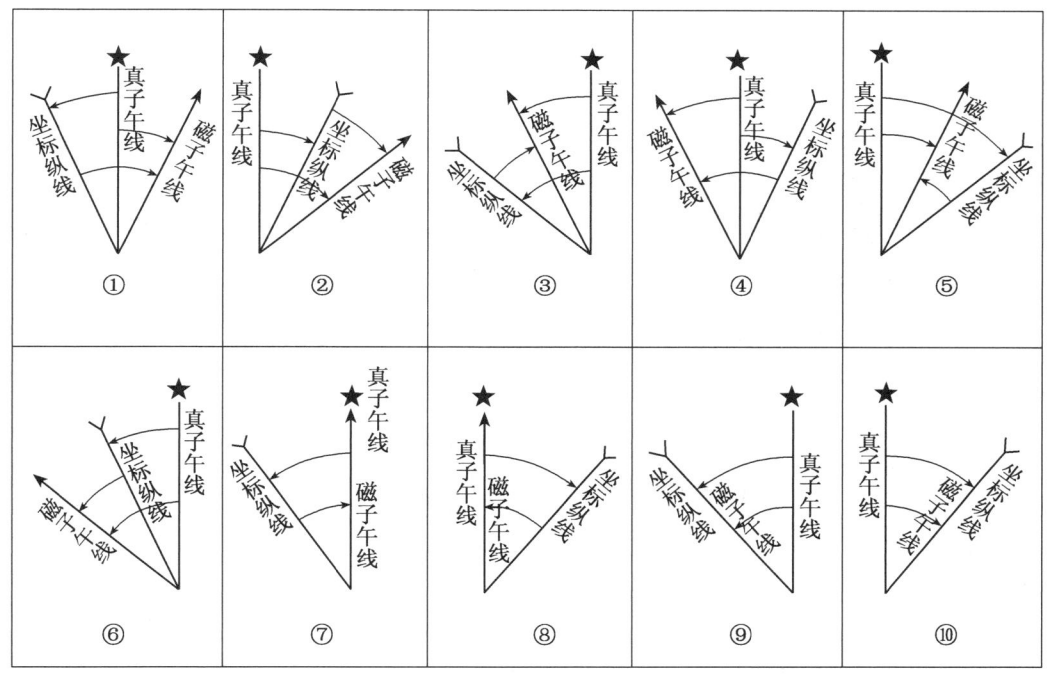

图2-10　十种不同的方位角

二、方位角的换算

使用地形图时，常需借偏角换算成坐标方位角与磁方位角。

1. 求坐标方位角

计算公式为：

$$坐标方位角 = 磁方位角 + (\pm 磁坐偏角)$$

如图2-11（a）所示，已知站立点至塔形建筑的磁方位角为48-80，磁坐偏角为西偏0-78，则坐标方位角为：

$$48-80 + (-0-78) = 48-2$$

2. 求磁方位角

计算公式为：

$$磁方位角 = 坐标方位角 - (\pm 磁坐偏角)$$

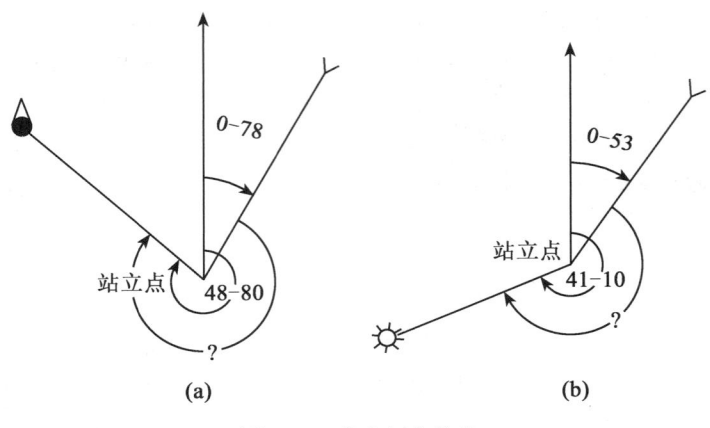

图 2-11　求坐标方位角

如图 2-12（a）所示，已知站立点至水塔的坐标方位角为 9-85，磁坐偏角为西偏 0-31，则磁方位角为：

$$9-85-(-0-31)=10-16$$

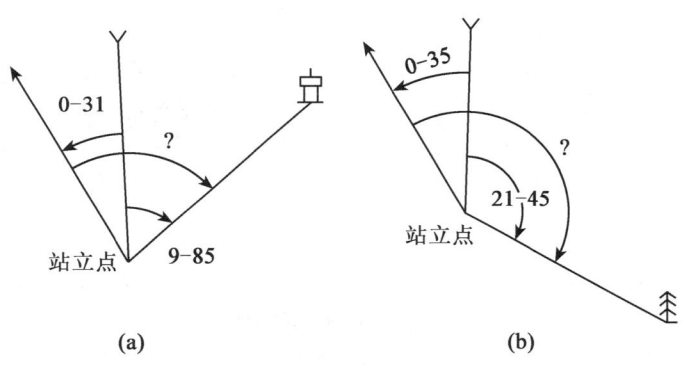

图 2-12　求磁方位角

计算中，当两个角度相加大于 60-00 时，应减去 60-00；若小角度减大角度时，应加上 60-00，再与大角度相减。图 2-11（b）和图 2-12（b）请读者自行计算。

第四节　坐　标

当人们确定地图某点（什么位置）时，只能借助坐标系统。军事地形学采用两种坐标系，一种是平面直角坐标系，另一种是地理坐标系。军用地形图上同时印有这两种坐标网。

一、坐标的构成

1. 高斯平面直角坐标网

在地形图上以整公里的图上长度为单位,以每带中心轴线（X 经线）和赤道线（Y 纬线）等间隔地作平行线构成方格网,称为高斯平面直角坐标网,又称公里网或方里网。不同比例尺地形图上的方格网的边长如表 2-2 所示。

表 2-2　　　　　　　　　地形图上方格网的边长和颜色对比表

方格网边长和颜色	比 例 尺				
	1∶2.5 万	1∶5 万	1∶10 万	1∶25 万	1∶50 万
图上长度	4 厘米	2 厘米	2 厘米	4 厘米	4 厘米
相应实地水平距离	1 公里	1 公里	2 公里	10 公里	20 公里
方格网颜色	蓝色	黑色	黑色	黑色	紫色

2. 地理坐标网

在军用地形图上,同时印有地理坐标网短线和地理坐标网。地理坐标网是由经线和纬线构成的方格网,所形成的坐标称为地理坐标。在 1∶2.5 万～1∶10 万比例尺地图上,以各幅图的四个图廓点为准,在内图廓线外侧（按经差、纬差 1′ 作出分划短线,这种短线称为加密线,也称分度线）。在 1∶2.5 万～1∶10 万比例尺地形图上,间接地表示地理坐标网（见图 2-13）。在实际应用时,由用图者将同数值短线连接起来即构成了地理坐标

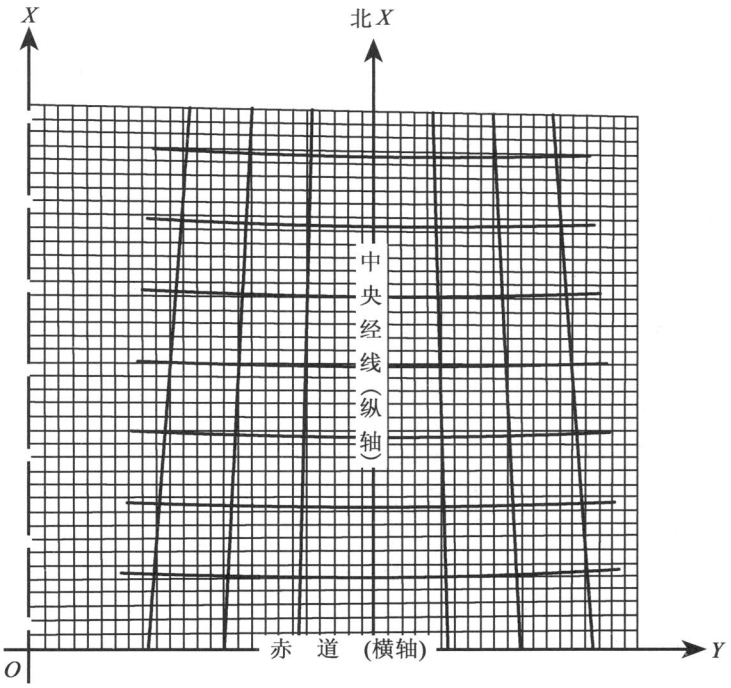

图 2-13　平面直角坐标与地理坐标的构成

网；在1∶2.5万~1∶10万比例尺地形图上，是按经差、纬差1′一格分划。但在1∶25万比例尺地形图上每15′连接成网，并注记其经度或纬度值，在1∶50万比例尺地形图上，按30′连接成网，按全值注出；1∶100万比例尺地形图上，按30′连接成网，按整度全值注出。

二、坐标的量读

军用地形图上，在每幅图的四角都标注有平面直角坐标和地理坐标的数值（见图2-14）。

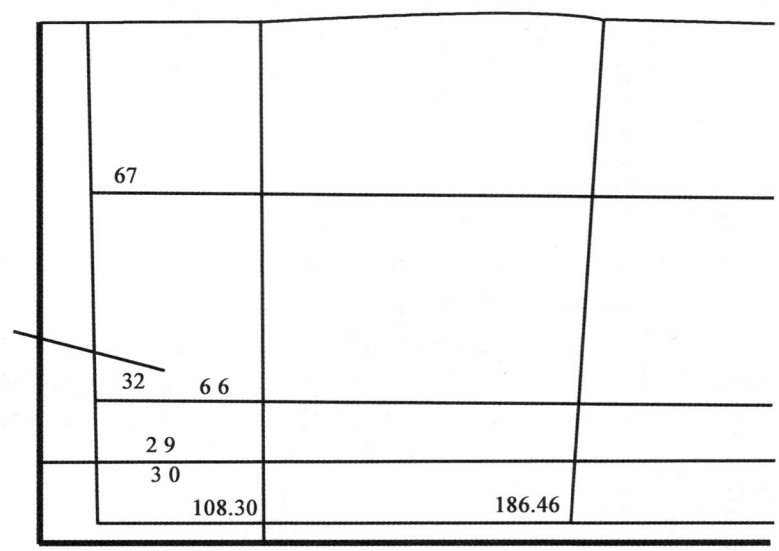

图2-14 坐标数值的标注

1. 点坐标的量读

从图上量读点的平面直角坐标，可以用特制的坐标尺，也可以用普通的直尺等。量读时，应遵守先纵坐标 X，后横坐标 Y 的顺序进行，记录和书写时，也应遵守这一顺序。现以图2-15中高地上的发射点为例，将量读的步骤叙述如下：

（1）选定坐标尺，使其与地图比例尺相对应（本例中，地图比例尺为1∶5万，坐标尺上每一小格为1毫米，相当于实地水平距离50米）；

（2）以坐标尺刻有分划的纵边与直角坐标网的"49"这条纵线重合；

（3）以坐标尺刻有分划的横边与发射点相切（注意保持尺的纵边与坐标纵线重合）；

（4）从坐标尺的纵边上按85横线所指的尺上位置读数645米，故该点的纵坐标值为85000+645=85645（米）；再以发射点所指向的坐标横尺上的位置读数325米，故该点的横坐标值为49000+325=49325米。

该火力发射点的坐标值为：

$$\begin{cases} X = 85645 \text{ 米} \\ Y = 49325 \text{ 米} \end{cases}$$

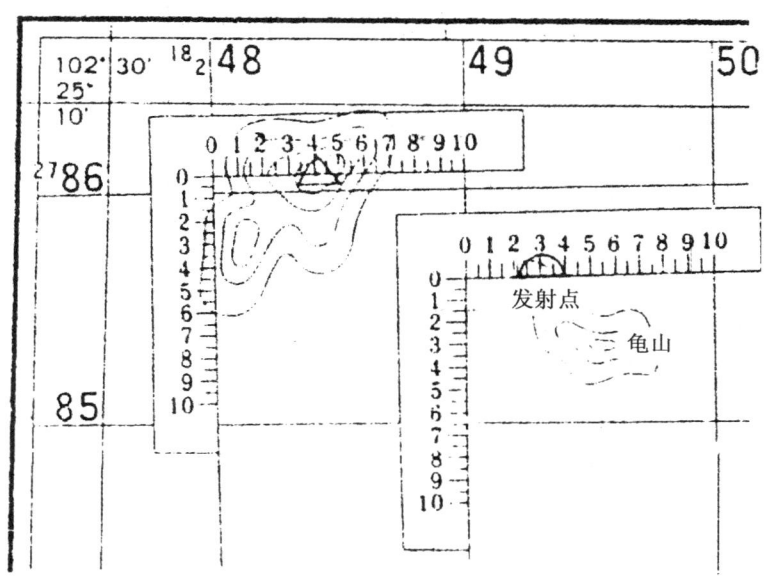

图 2-15 用坐标尺量读精确坐标

上述坐标值固然为从图上量得的精确值，但不是坐标的全值。按地形图公里网注记写出该火力发射点全值坐标是：

$$\begin{cases} X = 2785645 \text{ 米} \\ Y = 18249325 \text{ 米} \end{cases}$$

当量记坐标的点恰好落在相邻带的边缘图幅中时，应根据邻带坐标补充网，先将外图廓边上（老版图）或内图廓线外侧（新版图）注有公里数的邻带同名坐标网经线连接成网，然后再按上述方法量读点的坐标。

2. 指示目标

以指示物的坐标和性质表明目标位置和特征的工作，称为指示目标。其可分为用平面直角坐标指示目标和用地理坐标指示目标。用直角坐标指示目标又分为用概略坐标、用精确坐标和用全值精确坐标指示目标。

1) 用概略坐标指示目标及确定目标在图上的位置（见图 2-16）

方里格法：当所要指示的目标，如烟囱、桥梁等在方里格内易辨且不至于混淆时，采用此法。如图中的小桥，先找出该点下方坐标横线的纵坐标值 66，再找出该点左侧的坐标纵线的横坐标值 47，则小桥的概略坐标为（66，47，9）。

2) 用精确坐标指示目标及确定目标在图上的位置（见图 2-17）

用概略法坐标指示的不是目标本身，而仅指出目标所在高斯平面直角坐标网的一个方格的范围以内的位置。当一个方格内同时有两个及两个以上相同目标，或无指示物可指示，或需指示目标的准确位置以便其准备射击参数时，用精确坐标可以解决这一问题。

精确坐标是相对于概略坐标而言的。它是以图上 0.1 毫米的量测精度表示的坐标值来指示目标的，这种方法指的是目标本身。

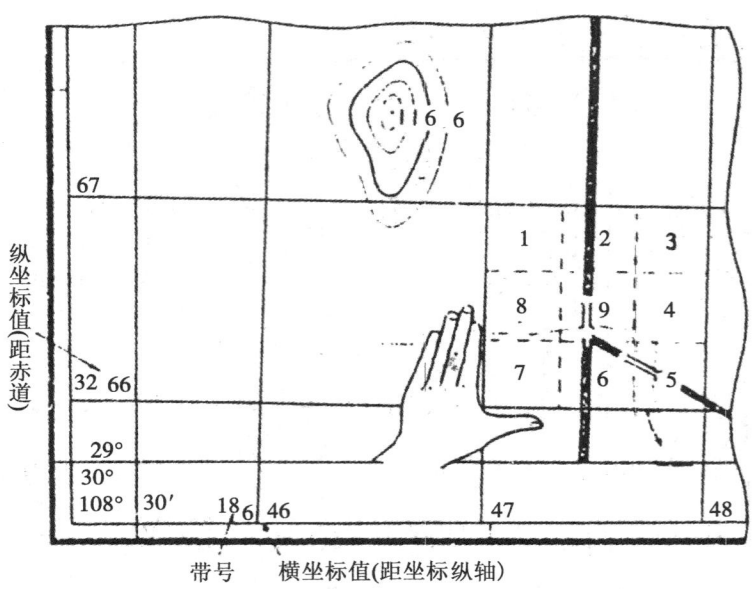

图 2-16 用方里格法指示坐标

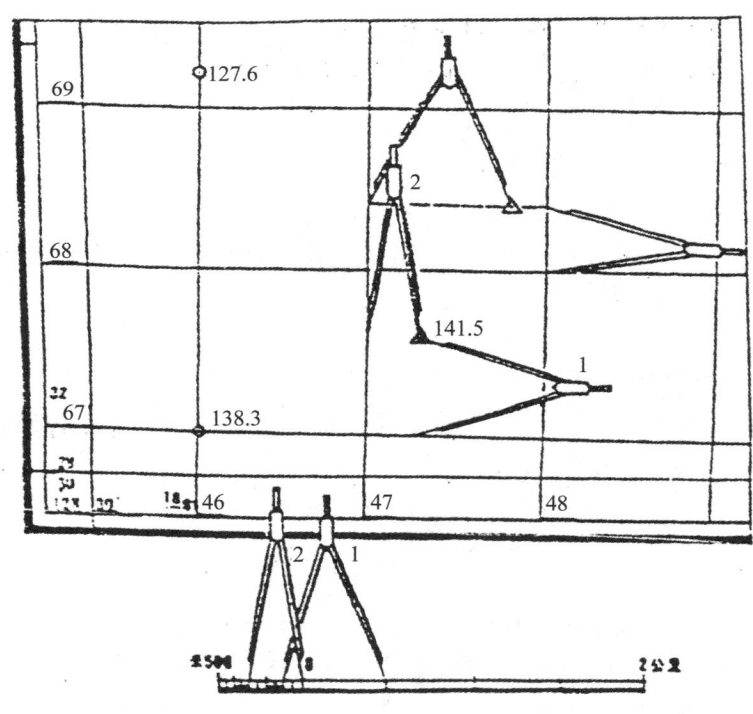

图 2-17 用两脚规量读点之精确坐标

用精确坐标指示目标，首先要量出目标的坐标。除了用坐标尺量读外，还可以用直尺和两脚规进行，现简要介绍以两脚规量取点之坐标的方法：

欲量取图中三角点（其高程为141.5米）的坐标，按以下步骤进行：

查出该点所在方里格的概略坐标（67，47）；用两脚规量出该点至下方坐标横线67的图上间距，再在直线比例尺上比量，得出其值为600米，并将其加于67公里数中，得该点纵坐标为67600米；用同样方法量取该点到其左方坐标纵线47的图上间距，经与直线比例尺比量后，其相应实地水平距离为300米，并加在47公里数中，得该点的横坐标为47300米。

故三角点的精确坐标为：(X 67 600，Y 47 300)。

第五节　地图比例尺

一、比例尺的概念

地球表面面积很大，要把它展绘在平面图纸上，就必须缩小。缩小时，地图上的长度与相应实地长度必须保持一定的比例关系，以这种比例关系作为两者之间的量算尺度，这个尺度就称为地图比例尺。因此，比例尺的定义是：图上某线段的长与相应实地水平距离之比。即

$$地图比例尺 = \frac{图上长度}{相应实地水平距离}$$

如图2-18所示，图上水塔至亭子两点间的长度为1厘米，实地水塔至亭子两点间的水平距离为5万厘米，也就是说这幅地图是将实地缩小成5万分之一绘制的，那么这幅地图的比例尺就是$\frac{1}{50000}$或1∶5万。

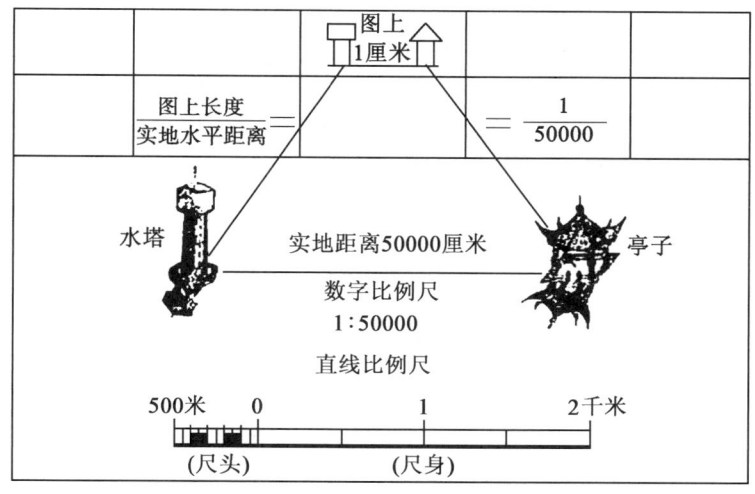

图2-18　地图比例尺

比例尺是一种没有单位的比值，相比的两个单位必须相同，单位不同的不能比较。地图比例尺的分子通常用1表示，以便了解地图缩小的倍数，如1∶5万即缩小成五万分之一，1∶10万即缩小成十万分之一。

二、比例尺的大小和用途

1. 比例尺的大小

根据用途不同，地图比例尺有大小之分。比例尺的大小，是按比值大小来衡量的。即：比的前项除以比的后项所得的商。例如 $1:2=\frac{1}{2}$，或 $1:2=0.5$，0.5 就是比值。因地图比例尺分子都是 1，所以，比值的大小又依比例尺分母确定。分母小则比值大，比例尺就大；分母大则比值小，比例尺就小。如 1:5 万大于 1:10 万，1:10 万大于 1:20 万。

2. 比例尺的特点

图幅面积大小相同的地图，比例尺越大，其图幅所包括的实地范围就越小，但图上显示的内容就越详细；比例尺越小，图幅包括的实地范围就越大，但图上显示的内容就越简略。

因为地图的精度是随着比例尺的缩小而降低的，所以，地图比例尺越大，则误差越小，图上量测的精度越高；比例尺越小，误差越大，图上量测的精度也就越低（见图 2-19）。

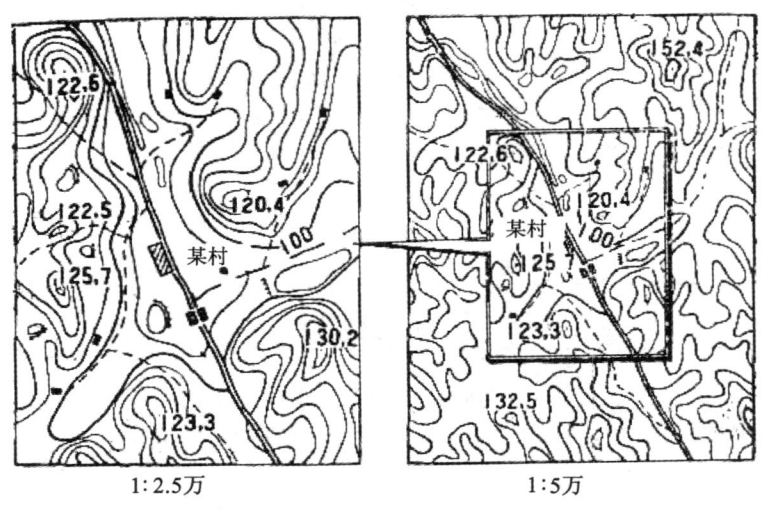

图 2-19　地图比例尺大小比较

由于用图目的和要求不同，因而地图的比例尺也不同。不同的比例尺，图上长度相同但实地的水平距离不一样，如表 2-3 所示。

表 2-3　　　　　　　　　图上长度与实地水平距离对照表

地图比例尺	图上长度	实地水平距离
1:2.5 万	1 厘米	250 米
1:5 万	1 厘米	500 米
1:10 万	1 厘米	1000 米
1:20 万	1 厘米	2000 米

三、比例尺的表示形式

地图比例尺通常绘注在地图南图廓的下方中央，其表示形式有以下几种：

1. 数字式

它是用比例式或分数式表示的，如 1∶5 万或 $\frac{1}{50000}$。

2. 文字式

它是用文字叙述的形式予以说明的，如："百万分之一""二万五千分之一"或"图上 1 厘米相当于实地水平距离 500 米"等。

3. 图解式

它是将图上长度与相应实地水平距离的比例关系用线段、图形表示的。图解比例尺有直线比例尺、投影比例尺等。地形图上多采用的是直线比例尺。

直线比例尺是用直线（单线或双线）以不同刻画加相应注记表示的图形。如图 2-20 所示，为 1∶5 万直线比例尺。从"0"向右为尺身，图形上 1 厘米表示实地水平距离 0.5 千米，2 厘米表示实地水平距离 1 千米；从"0"向左为尺头，图形上一小格表示 50 米，十小格表示 500 米。

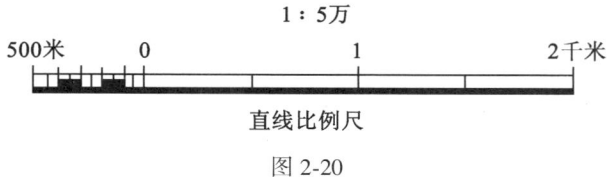

图 2-20

四、图上距离的量算

了解了地图比例尺，就可以根据图上的长度求得实地相应的水平距离，也可以根据实地的水平距离求得相应的图上长度。部队组织行军和战斗行动时，通常要从图上了解某地段的实地距离，其方法主要有：

1. 用直尺量算

用直尺量算距离时，先用直尺从图上量取所求两点间的长度（厘米），然后乘以该图比例尺分母，即得相应的实地水平距离（米或公里）。其公式为：

实地水平距离 = 图上长度 × 比例尺分母

例：在 1∶5 万地形图上量得某两点间的长度为 2 厘米，求实地水平距离是多少米？代入公式得：

实地水平距离 = 2 厘米 × 50000 = 100000 厘米

为了计算方便，可先将比例尺分母消去两个"0"，使厘米变为米。如上例的实地水平距离则为：

2 × 500 = 1000（米）

若已知实地水平距离，同样可以换算出图上相应长度。其公式为：

图上长度 = 实地水平距离 ÷ 比例尺分母

2. 在直线比例尺上比量

用直线比例尺比量距离时，两脚规、纸条、草棍、线绳等均可作为比量工具。先量出图上两点间的长度，再到直线比例尺上比量，即可读出两点的实地水平距离（见图2-21）。

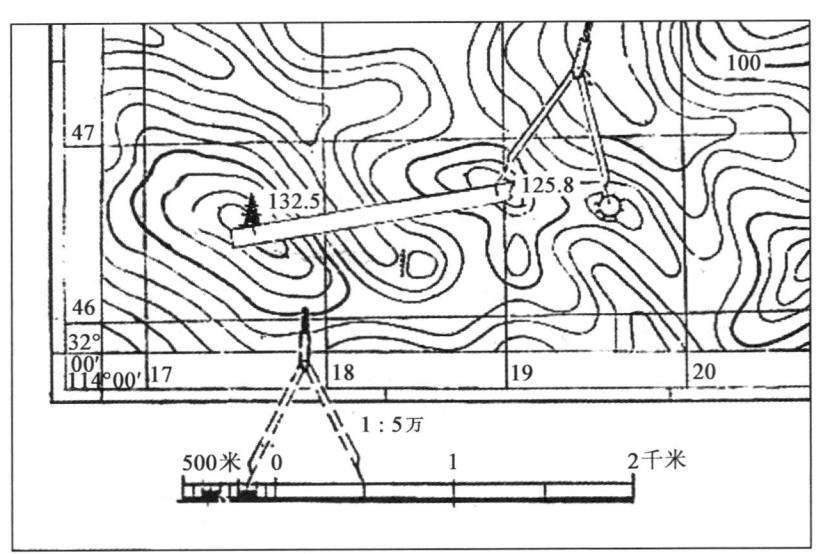

图2-21　用纸条、两脚规量读距离

3. 用里程表量读

在图上量取较长的弯曲距离时，使用指北针上的里程表较为方便。里程表由表盘、指针及滚轮三部分组成，表盘上刻有：1:2.5万、1:5万、1:10万等比例尺的里程分划圈，各分划圈上的数字为相应实地水平距离的公里数（每一小分划为1公里）（见图2-22）。

4. 图上距离的倾斜改正

（1）理论改正：地形图上两点间的距离都是水平距离。由于地形的起伏，实际距离通常大于水平距离。也就是说，实际距离与水平距离之间有一个差值。将其差值尽量缩小，使之更接近实地距离，称为坡度改正。

坡度改正数，随着坡度的增大而增大，按其理论数值，应改正的数值，如表2-4所示。

表2-4　　　　　　　　　　　坡度改正数表

坡　度	改正数（%）	坡　度	改正数（%）
5°	0.38	25°	10.34
10°	1.54	30°	15.47
15°	3.53	35°	22.08
20°	6.42	40°	30.54

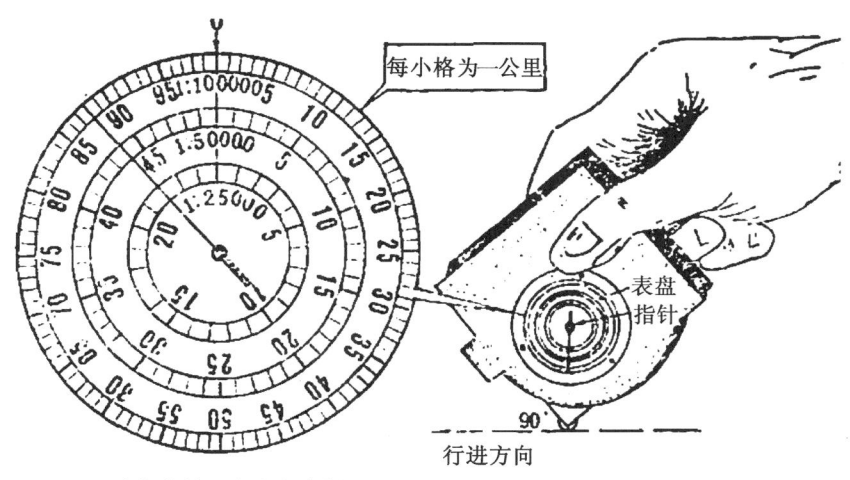

62式指北针里程表表盘刻画

图 2-22 用指北针量读距离

（2）坡度与弯曲改正：由于实地地面起伏不平，坡度不一，又加上道路多有弯曲，一般来说，理论改正数与实际改正数仍有较大差别。所以，图上所量得的距离应考虑加坡度与弯曲改正。根据部队在一般地形上实验，其弯曲改正数如表 2-5 所示。

表 2-5　　　　　　　　　　　　坡度与弯曲改正数表

坡　　度	弯曲改正数（%）	坡　　度	弯曲改正数（%）
0°~4°	3	20°~24°	40
5°~9°	10	25°~29°	50
10°~14°	20	30°~34°	65
15°~19°	30	35°~40°	80

（3）按地形种类改正：由于平均坡度不易求出，所以，有些部队在实际运用时，通常按实际地形的经验数据来进行距离改正（见表 2-6）。由于这种改正方法比较简便、易记，因此部队使用较广泛，其计算方法与上述方法相同。

表 2-6　　　　　　　　　　　　按地形种类改正数表

地形种类	改　正　数
平　坦　地	10%~15%
丘　陵　地	15%~20%
山　　　地	20%~25%

第二章 地形图基本常识

☞ **复习思考题**

1. 高斯投影将地球分为多少带？每带经差多少？我国地处多少带？
2. 说明图 2-8 中 9-50-133-丙-4 的编号含义。
3. 方位角有几种？如何求磁方位角、坐标方位角？
4. 什么是地图比例尺？
5. 如何修正图上距离与实地距离之差？

第三章 地形图的识别

第一节 地物符号

地形图上地表面的固定性物体是用图式中规定的图形、颜色和注记表示的。这些规定的图形符号，叫地物符号，它是构成地图的重要因素，是地图的语言。使用地图，就必须识别地物符号，了解其规律和相互关系。

一、地物符号的图形特点及分类

（一）地物符号的图形特点

地物符号的图形，依其图形形状，如图 3-1 所示，主要有以下三个特点：

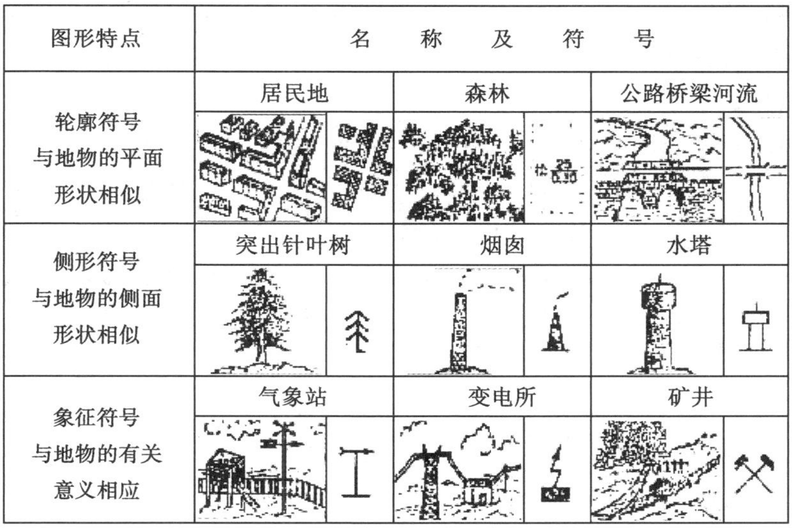

图形特点	名 称 及 符 号		
轮廓符号与地物的平面形状相似	居民地	森林	公路桥梁河流
侧形符号与地物的侧面形状相似	突出针叶树	烟囱	水塔
象征符号与地物的有关意义相应	气象站	变电所	矿井

图 3-1 地物符号的图形

1. 图形与地物的平面相似

这类符号的图形与地物的下正投射后的平面形状相似，并保持一定的比例关系，所以叫正形图形。一般用以表示实地面积较大的地物，如居民地、森林、河流、公路、桥梁等。

2. 图形与地物的侧面形状相近

这类符号的图形与地物的侧面形状相近，所以叫侧形图形。一般表示实地面积较小的独立地物，如突出针叶树、烟囱、水塔等。

3. 图形与地物的有关意义相应

这类符号的图形是根据实地地物的形状，按照象形、会意的方法构图的，所以叫象征图形。具有形象和富有联想的特点，如气象台（站）、变电所和矿井等。

（二）符号的分类

地物符号按其与实地地物的比例关系，可以分为以下四类：

1. 依比例尺符号（又叫轮廓符号）

实地面积较大的地物，如大的居民地、森林、江河与湖泊等，其外部轮廓是依比例尺缩绘的，内部文字注记是按配置需要填绘的。在图上可了解其分布、形状和性质，量取相应实地的长度、宽度和面积。这类符号的轮廓线与实地地物的轮廓相一致，轮廓转折点位置的精度高，可供部队指示目标。但轮廓内的文字注记，并不代表实地物体的真实位置，只是说明物体性质（见图3-2）。

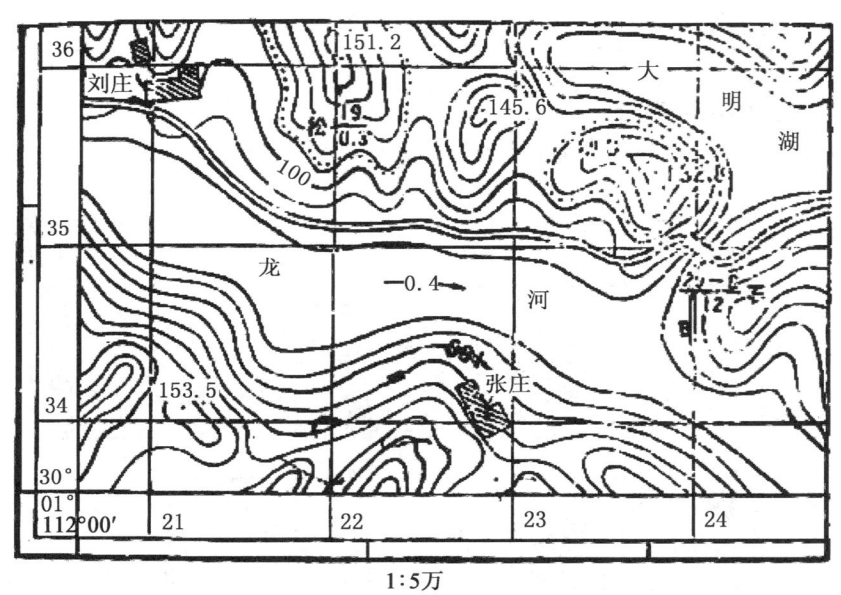

图3-2 依比例尺符号

2. 半依比例符号（又叫线状符号）

实地上的窄长线状地物，如道路、城墙、土堤、通信线等。这类符号的转折点、交叉点是按实地地物精确位置测定的，其长度是按比例缩绘的，而宽度则不是按比例缩绘的。这类符号在图上只能量取相应的长度，而不能量取宽度和面积，其转折点、交叉点可作为方位物和明显目标。

半依比例的符号有单线铁路、公路、砖石城墙、高压电线、管道等（见图3-3）。

3. 不依比例符号（又叫点状符号）

实地上一些对部队战斗行动有影响或有方位意义的独立地物，如突出的树、亭、塔、油库等，因其实地面积很小，不能依比例缩绘在地形图上，只能用规定的符号表示。其准

地物名称	地物符号	地物名称	地物符号
单线铁路		公路	砾6(8)
砖石城墙		大车路	
土堤		高压电线	3.5
围墙		通信线	
铁丝网		管道	

图 3-3 半依比例符号

确位置在符号的定位点上，在图上可了解实地物的性质和主点位置，但不能量取大小。

不依比例符号有：三角点、土堆、彩门、鼓楼、水车、古塔等（见图 3-4）。

地 物 名 称 及 符 号					
三角点	土堆	彩门	鼓楼	水车	古塔
埋石点	无线电杆	革命烈士纪念碑	气象站	路标	碑
水准点	变电所	突出针叶树	水塔	亭	窑
油库	烟囱	独立石	塔形建筑物 散热	石油井 油	独立房屋

图 3-4 不依比例尺符号

4. 说明和配置符号

说明和配置符号主要是用来说明、补充上述三类符号不能表示的内容。说明符号是用来说明某种情况的，如表示街区性质的晕线、表示江河流向的箭头等。配置符号是用来表示某些地区的植被及土质分布特征的，如草地、果园、疏林、路旁行树、石块地等（见图 3-5）。说明和配置符号只表示实地某些地物的分布情况，不表示其真实的位置和数量。

在图 3-5 中，说明符号有莲花镇街区的晕线（竖固街区）、莲花河流向的箭头；配置符号有：路旁行树、稻田等。

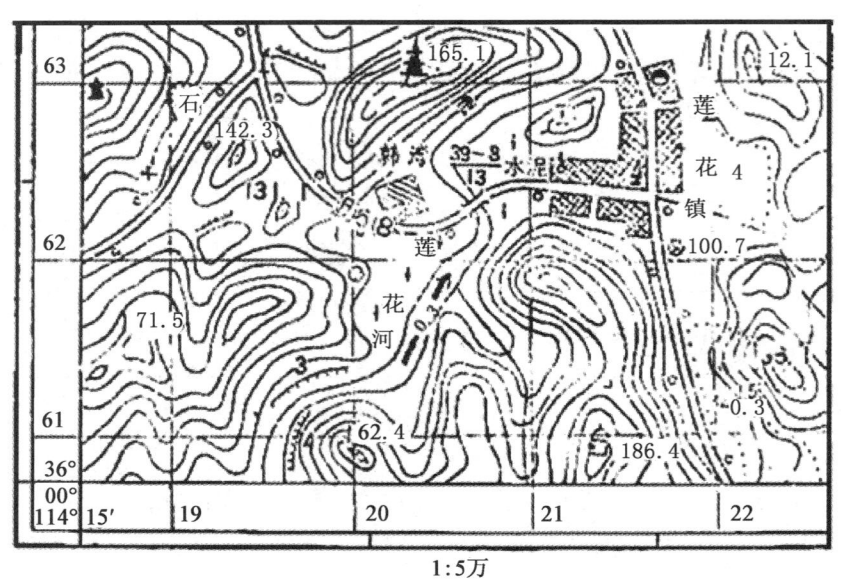

图 3-5 说明和配置符号

二、符号的有关规定

（一）注记的规定

地物符号只能表示地物的形状、位置、大小和种类，但不能表示其质量、数量和名称，因此还需用文字和数字予以注记，作为符号的补充和说明。注记共有三种：

1. 名称注记

（1）居民地名称：大中城镇居民地用"等线体"字；名称用"中等线体"字；农村居民地名称用"仿宋体"字注出；注记一般用水平字列，必要时才用垂直、雁行字列。

（2）山和山脉名称：独立高地、山隘等一般用"长中等线体"字，并以水平字列注在山顶上方；山岭、山脉走向等用"耸肩等线体"字（字的竖画应垂直南图廓），注在山岭、山脉走向的中心线上。

（3）水系名称：包括海洋、海峡、海港、海湾、江河、沟渠、湖泊、水库、池塘等，都用蓝色的"左斜宋体"字，按地物面积均匀注出。

（4）地理单元名称：岛屿、草原、沙漠、滩礁、海角等，均用"宋体"字；群岛名称用"扁等线体"字，按地形面积的大小和长度适当注出。

在图 3-6 中，居民地名称注记有金鸡镇，山的名称注记有金鸡山，水系名称注记有金鸡河等。

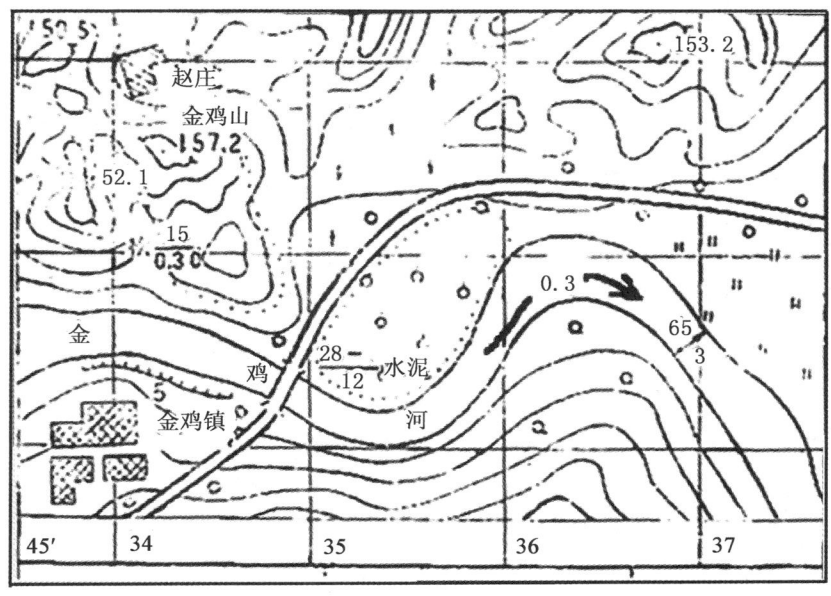

图 3-6 名称注记

2. 说明注记

说明注记是用来说明地物的性质和特征的。如：水的咸淡，公路路面质量，徒涉场底质，塔形建筑物的性质等，均用"细等线体"字简注在符号内或一旁。

在图 3-7 中，说明注记有塔形建筑物的性质、桥的性质、果园种类等。

地理名称	说明文字	数字注记
北京市	⛨ 伞　⛨ 气	△283.4　☀ 4
南坪镇	⛨ 沙　⛨ 石	～100～　～6～
王家庄	⚒ 煤　□ 牲	←—3.5—→
九顶山	⸰ 杏　苗 1	6　5.5
千山山顶	—○—○—油—	6　2.5/3
塔里河床	— 砾6(8) —	190/4　13/3
庙岛群岛	— 130-8/12 水泥	0.3　松 2.5/0.30

图 3-7 说明注记

3. 数字注记

数字注记是用来说明地物的数量特征的。数字注记在图上分为分数式和单个数字两种形式。分数式注记中，分子一般表示地物的长度、宽度和高度；分母表示地物的深度、粗度和载重量。单个数字注记，一般表示地物的高度、深度、比高、流速、里程、界碑编号或山隘通行和时令河有水的月份等。里程碑公里数、界桩编号等用"斜宋体"字，其他数字用"正等线体"字，各种数字注记的颜色，均与图形符号的颜色一致。

（二）颜色的规定

为了提高地形图的表现力，丰富地形图内容，使地形图层次分明、清晰易读，地物符号采用不同的颜色来区分地物的性质和种类。目前，我国出版的地形图为四种颜色，其规定如表 3-1 所示。

表 3-1　　　　　　　　　　地形图中颜色规定

颜色	使 用 范 围
黑色	居民地、独立地物、管线、垣栅、道路、境界及其名称、数量和注记等
绿色	植被要素：森林、果园等的普染
棕色	地貌要素：地貌符号、变形地、土质特征及其等高线上的高程注记和公路普染等
蓝色	水系要素：海洋、江河、湖泊、水库、池塘、井、泉符号、注记及其普染、雪山地貌等

（三）定位点的规定

在地形图上，不依比例和半依比例的地物符号，一般都是放大后在图上表示的，因此，这些符号在图上就有个定位点的问题，在图式中都有明确规定。

1. 不依比例符号的定位点

不依比例符号（主要是指独立地物符号），其定位点的规定如图 3-8 所示。

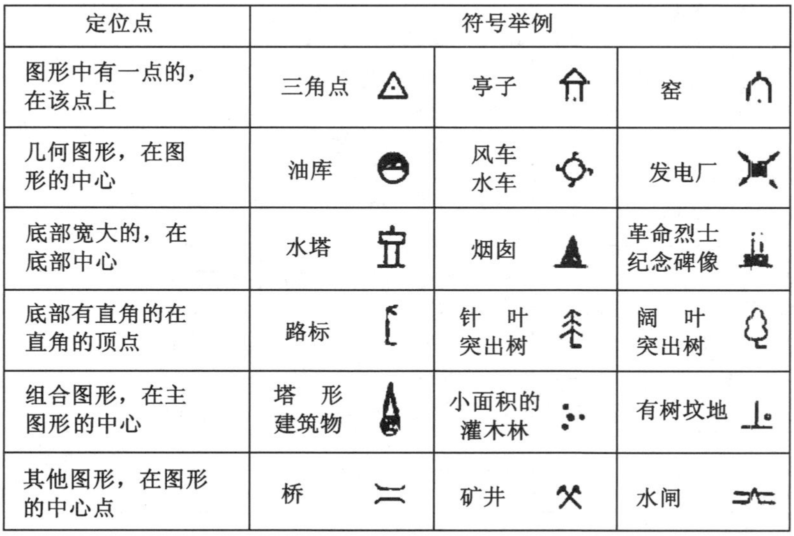

定位点	符号举例		
图形中有一点的，在该点上	三角点 △	亭子	窑
几何图形，在图形的中心	油库	风车 水车	发电厂
底部宽大的，在底部中心	水塔	烟囱	革命烈士纪念碑像
底部有直角的在直角的顶点	路标	针叶突出树	阔叶突出树
组合图形，在主图形的中心	塔形建筑物	小面积的灌木林	有树坟地
其他图形，在图形的中心点	桥	矿井	水闸

图 3-8　定位点规定

在图 3-8 中，不依比例符号有三角点，其定位点在点上；塔形建筑物的定位点在主体图形的中心。

2. 半依比例符号的定位线

半依比例符号（主要是指线状地物符号），其定位线的规定如图 3-9 所示。

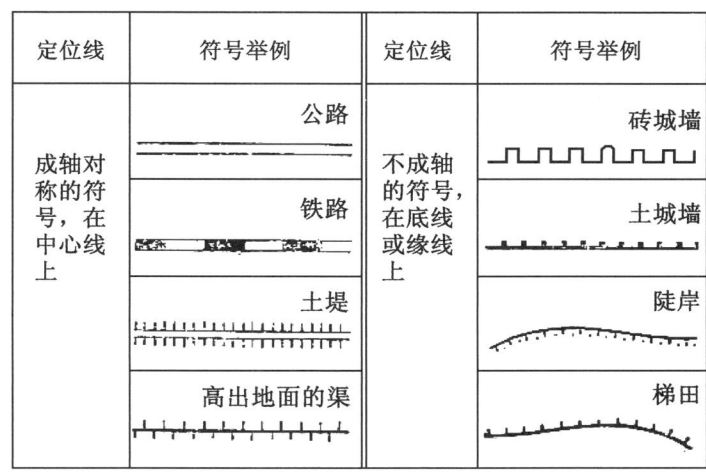

图 3-9　半依比例尺定位线规定

在图 3-9 中，公路定位线在符号的中心线上。

（四）方向的规定

地物符号在地形图上的描绘方向，有以下四种情况：

1. 直立方向

直立方向也叫固定方向，即符号始终保持与南北图廓线垂直，不依比例的符号绝大多数是按此种方向描绘的。

2. 真方向

真方向，即时符号的描绘方向与实地地物的真实方向一致。依比例和半依比例的符号通常是按真方向描绘的。此外，还有独立房、饲养场、窑洞、山洞、里程碑、泉等，也是按真方向描绘的。城楼与城门符号的描绘则不同，其符号顶部必须朝向城外，但又不得倒置，如图 3-10 所示。

3. 光照方向

地形图上有少数符号是按阳光照射方向描绘的，如陡石山、溶斗和简易公路等。描绘的原则是：光线从左上方射来，其受光

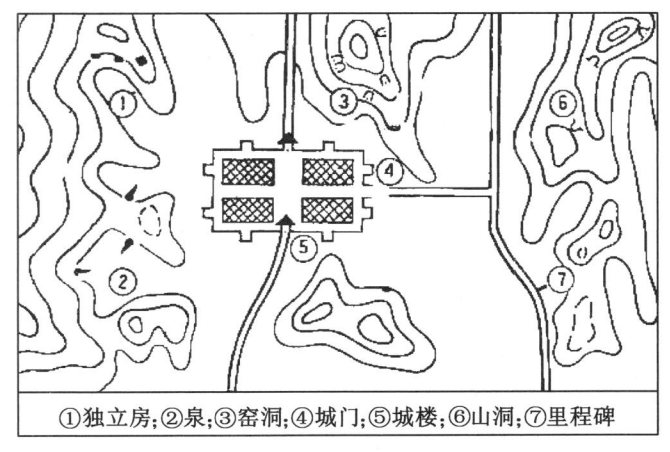

图 3-10　依真方向绘制的

部位线画要细、淡,背光部位线画则粗、浓(见图3-11)。

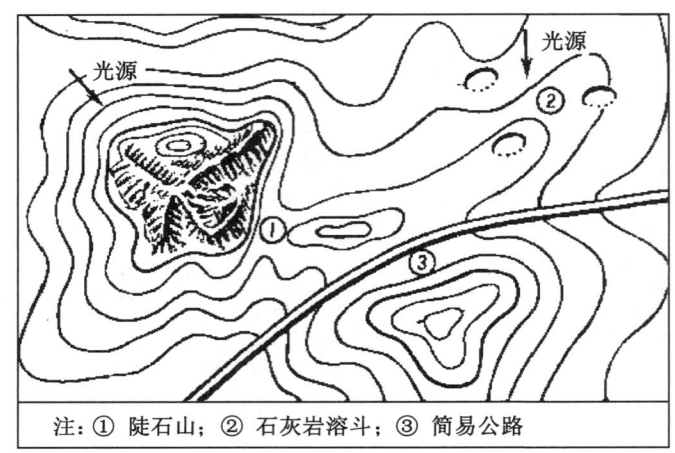

图 3-11 依光照方向描绘的符号

4. 风向

依风向描绘的符号,主要是沙地地貌中的一些微型沙地符号和反映土质特征的个别符号。如波状沙丘地,其符号与主要风向垂直;沙窝地,符号是顺风方向描绘的,粗点绘在迎风面,多垄沙地区性残丘地,其符号与主要风向一致(即顺风方向延伸)。因此,这类符号又是判断所在地区主要风向的标志(见图3-12)。

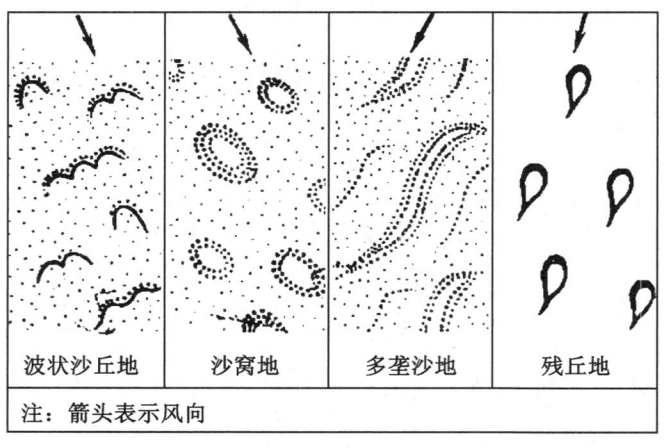

图 3-12 依风向标绘的符号

三、识别与记忆符号的一般规律

地物符号虽然很多,但识别和记忆这些符号是有规律可循的,下面介绍主要规律。

(一) 符号具有象形特点

符号图形的设计，通常是以抽象概括的方法，把复杂地物用有规律的图形典型化，作为设计符号的基础。因此，每个地物符号都具有象形的特点，其符号的图形主要来源于三个方面：

(1) 选择地物最有代表性的部位。如气象站符号，用风向标表示；矿井符号，用采矿的风镐表示；水（风）车符号，用水轮或风叶表示等。

(2) 用容易产生联想的图形。如变电所符号，用房屋的上方示意有电表示；庙、亭和钟鼓楼符号，用我国古代传统的大屋顶建筑形式表示；竹林符号，用象征竹叶的图形表示；石块地，用象征有棱角的三角石块表示等。

(3) 用象征会意的图形。如：境界符号，因实地无明显形状，故用虚线表示；河流流向和海洋潮流符号，用有指向的箭形符号表示；发电站符号，用发电输往四面八方的房屋的四角绘有箭形的符号表示等。

(二) 符号构图具有逻辑性

在设计符号时，就考虑到了符号的图形应与符号的意义具有内在的、有机的联系，即符号的构图合乎逻辑。现举例说明如下：

1. 虚（点）线符号

虚（点）线符号在地形图上是有很多的，并有黑、棕、蓝三种颜色之分，这类符号的共同特点是：它们所表示的均为同类地物中比较低级的、不稳定的、地下的或无形体的实地地物（见图 3-13）。

表示意义	符号	名称	符号	名称
低级的	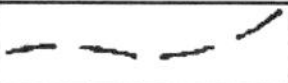	乡村路	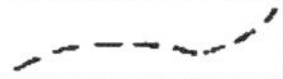	小路
	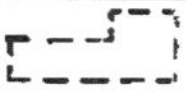	棚房		被破坏的房屋
不稳定的	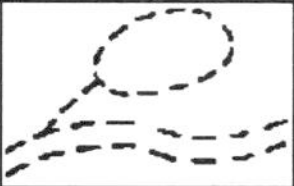	时令湖 时令河	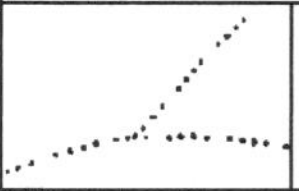	时令路 无定路
地下的	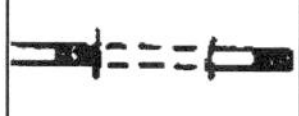	隧道	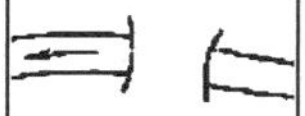	地下河段
无形的		境界	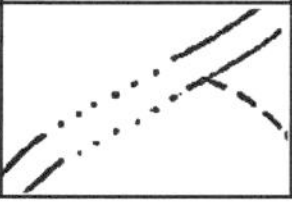	消失河段

图 3-13　虚（点）线符号

2. 齿线符号

齿线符号的基本含义是"陡面"，实线代表折线，齿线所指为斜坡（降落）方向。单面齿线符号为单面坡，双面齿线符号为双面陡坡，颜色仅仅说明是天然物（棕色和蓝色）或是人工物体（黑色）（见图 3-14）。

第三章 地形图的识别

齿线符号	与水系配合		与地貌配合		与道路配合	
陡面		(棕色)有滩陡岸(土)		梯田坎		路堤
		(蓝色)无滩陡岸(石)		(棕色)冲沟		
		(蓝色)瀑布防波堤		(棕色)陡崖		路堑
				土堆		
		堤岸		土坑		
				采石场		堤
		(蓝色)高于地面沟渠		土堆上的三角点		

图 3-14 齿线符号

3. 反括号符号

凡是线状符号遇有"反括号",则说明此处转入地下(见图 3-15)。如铁路符号遇有"反括号",则说明铁路线进入隧道;河流遇有"反括号",则说明河流流入地下(称为地下河段)。

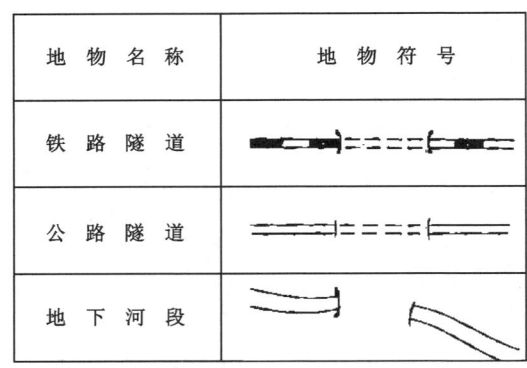

图 3-15 反括号符号

4. 桥梁符号

桥梁通常是道路跨越河流的设施;当两种线状地物位于相同平面相交(立体交叉)时,也用桥梁符号。例如,公路、铁路上(下)方通过,沟渠从河流上方通过,沟渠从道路下方通过等。当沟渠位于上层平面时,"桥梁"符号用蓝色表示,不留间隙,一般称作"输水槽"或"过水桥"。

此外,水闸、拦水坝等,也是以"桥梁"符号为基础表示的。如在桥梁符号中间开口,则为水闸符号;在桥梁符号上加绘齿线,则为拦水坝;如果它们上面不能通行汽车,则桥梁符号两端没有短折线(见图 3-16)。

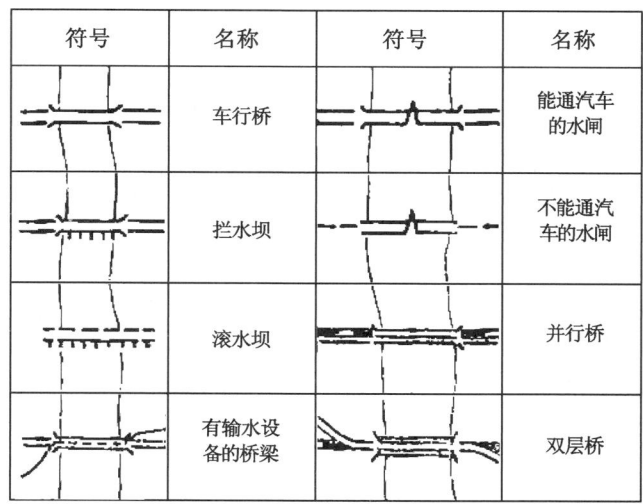

图 3-16　以桥梁为基础的符号

四、识别与使用地物符号应注意的问题

（一）地物位置的准确程度

通常，符号在图上都是有准确位置的。随着地图比例尺的缩小，其准确程度就有所降低。但是，重要的点位，如控制点、高程点、线状符号的交叉点和转折点，以及依比例尺表示的地物的轮廓线等，即使在比例尺缩小的情况下，其位置依然准确。

（二）地物的综合取舍

地形图上的符号，一般都经过了制图取舍综合，即数量上的取舍和形状上的综合。因此其形状、数量、分布等并非与实地完全一致。如成片的房屋，在图上是用街区符号表示的；密集居住区的独立房屋有取舍，一般是外围的准确。稻田符号，最上和最下一个梯田坎位置准确；在水网地区，沟渠一般是保留主要的，舍去次要的，等等。

（三）地物的位移

有些线状地物符号，如铁路、公路、街道等，都是宽度夸大了的符号，比例尺越小夸大就越厉害，这种符号是由于宽度的夸大，必然引起两旁其他符号（房屋、独立地物等）的位移。因此，在邻近的符号中，主要的、高一级的地物符号，其位置是准确的；而次要的、低一级的地物符号，其位置可能不准确，但相关位置是正确的。

（四）地物的实地变化

实地地物，由于自然和人工的作用，在不断发生着变化，地图测制工作刚一完成，实地就可能出现新的变化。因此，使用地图时，除注重地图的内容外，必要时还应作现地调查，或利用最新资料（航空照片、兵要地志等）校正地图内容。

第二节　地　貌　判　读

地貌，主要是指地球陆地表面高低起伏的变化形态，如山地、丘陵地、谷地、沙漠和草原等。它和水系一起构成图上其他要素的自然基础。在地图上表示地貌的方法有很多，其主要的有等高线法、晕滃法、晕渲法、分层设色法、写景法及组合法（如等高线加晕渲）等。

（1）晕滃法（又叫斜坡线法）：是用沿着斜坡方向描绘的平行线（即晕滃线），显示地面起伏和倾斜坡度。其特点是立体感强、位置准确，但难以判读高程，作业繁琐。

（2）晕渲法：是按照光线在地面上的分布，用不同色调加颜色的浓淡变化来显示地貌的高低起伏。其特点是生动形象、景观自然，但不能准确地确定地面高程和图上测量。

（3）分层设色法：是在等高线的基础上，按一定的高度分层着色，用以显示地貌的高低起伏。其特点是高程准确，立体感强，但由于分层设色，常有阶梯状态的现象。

（4）等高线法：是现代地形图表示地貌的主要方法，虽然缺乏立体效果，但能科学地反映地面起伏形态及其特征；能准确地量测地面点的高程和坡度；判定山脉走向、地貌类型以及微型地貌特征（小山顶、凹地、沟谷等），是目前在军事上主要使用的地图表示法。

一、等高线表示地貌

（一）等高线表示地貌的原理

等高线是由地面上高程相等的各点连接而成的曲线。我们在水库边上，看到水库的岸坡上，有一道道层次分明的水涯线痕迹，随着地形的凸凹、蜿蜒曲折，自然闭合，好像雕刻专家刻画的一样。其实，那是水平面上从最高水位到最低水位的变化过程中，撞击岸坡留下的标记。实地水库的水面边线就是一条等高线（见图3-17）。

图3-17 水涯线痕迹

从水库的水涯痕迹线我们就可联想出等高线的构成原理：如图3-18所示，假想把一座山从底到顶按相等的高度，一层一层地水平切开，这样，在山的表面就出现了许多大小不同的截口线，再把这些截口线垂直投影到同一平面上，便形成一圈套一圈的曲线图形。

因为同一条曲线上各点的高程都相等,所以叫等高线。地形图就是根据这个原理来显示地貌的。

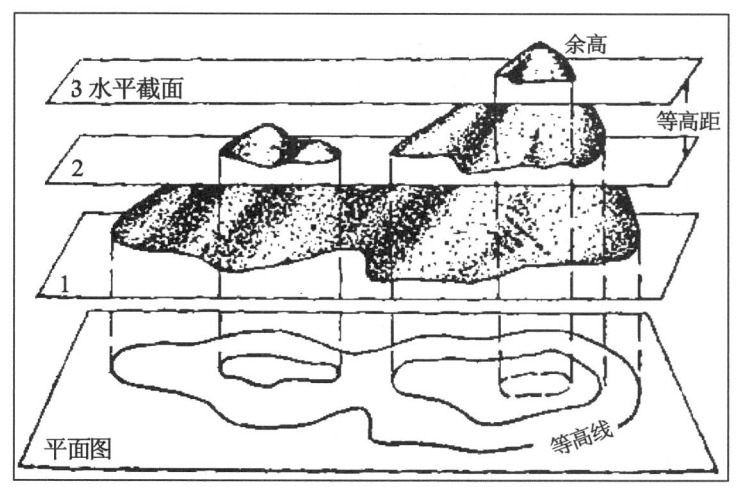

图 3-18　等高线显示地貌原理

(二) 等高线表示地貌的特点

(1) 在同一条等高线上各点的高度相等,每一条等高线都是闭合曲线。

(2) 在同一幅地形图上或同一等高距的条件下,等高线多,山就高;等高线少,山就低,凹地则相反。

(3) 在同一幅地形图上或同一等高距条件下,等高线间隔密,实地坡度陡;等高线间隔稀,实地坡度缓。

(4) 图上等高线的弯曲形状与相应实地地貌形状相似。

(三) 等高距的规定

相邻两条等高线间的实地垂直距离叫等高距。等高距的大小决定着地貌表示的详略,等高距小,等高线就多,地貌表示就详细;等高距大,等高线就少,地貌表示就简略。由于实地起伏程度不同,坡度大小不一,因此,等高距应根据地区的地貌特征、地图比例尺和地图的用途等情况来规定。我国基本比例尺地形图等高距的规定如表 3-2 所示。

表 3-2　　　　　　　　　　等高距的规定

比例尺	一般地区(基本等高线)	特殊地区(选用等高线)
1∶1 万	2.5 米	1 米或 5 米
1∶2.5 万	5 米	10 米
1∶5 万	10 米	20 米
1∶10 万	20 米	40 米

续表

比例尺	一般地区（基本等高线）	特殊地区（选用等高线）
1∶20万	40米	80米
1∶50万	50米	100米

注：一般地区，指大部分地区采用的等高距；特殊地区，指那些不适用基本等高距的地区，并非狭指山区。

（四）等高线的种类和作用

等高线按其作用不同分为以下四种（见图3-19）。

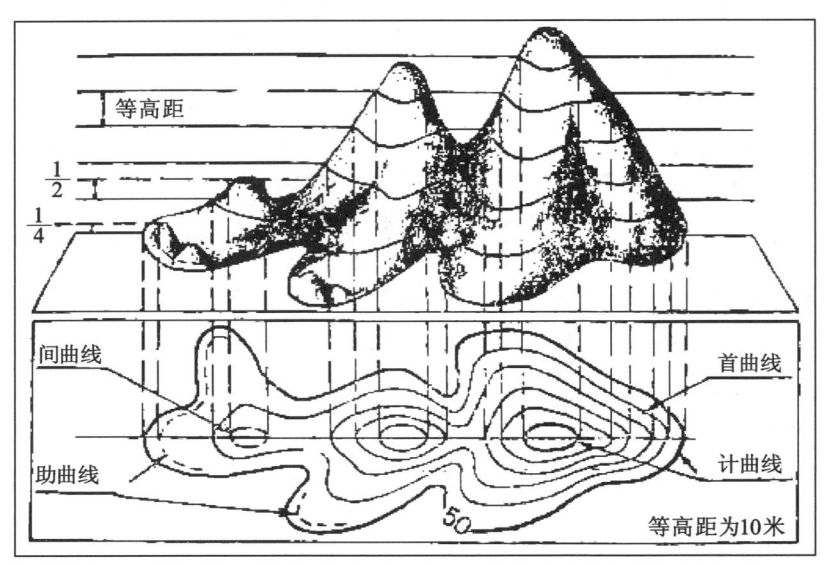

图3-19 等高线的种类

（1）首曲线，又叫基本等高线，是按规定的等高距，由平均海水面起算而测绘的细实线，线粗0.1毫米。用以显示地貌的基本形态。如在1∶5万图上的首曲线应依次为10米、20米、30米……

（2）计曲线，又叫加粗等高线，规定从高程起算面起，每隔四条首曲线（即五倍等高距的首曲线）加粗描绘一条粗实线，线粗0.2毫米，用以数计图上等高线与判读高程。如在1∶5万图上的计曲线应依次为50米、100米、150米……

（3）间曲线，又叫半距等高线，是按二分之一等高距描绘的细长虚线，用以显示首曲线不能显示的某段微型地貌。如小山顶、阶坡或鞍部等。

（4）助曲线，又叫辅助等高线，是按四分之一等高距描绘的细短虚线。用以显示间曲线仍不能显示的某段微型地貌。

间曲线和助曲线只用于局部地区，所以它不像首曲线那样一定要各自闭合。除描绘山顶和凹地的曲线各自闭合外；表示鞍部时，一般只对称描绘，并终止于适当位置；表示斜面时,一般终止于山背两侧。

在图3-19中,有首曲线、计曲线、间曲线、助曲线四种等高线。

对于独立山顶、凹地以及不易辨别斜坡方向的等高线,还要绘出示坡线。示坡线是与等高线相垂直的短线,是指示斜坡的方向线,绘在曲线的拐弯处,其不与等高线连接的一端指向下坡方向(见图3-20)。

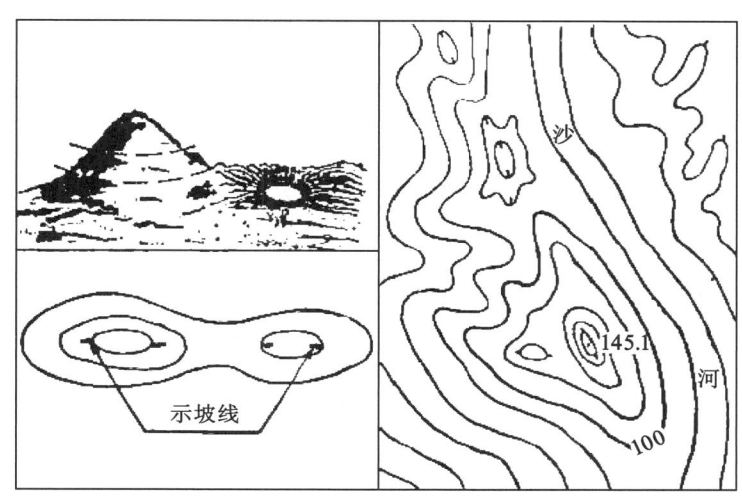

图3-20 示坡线

(五) 高程起算和注记

地形图上的高程,都是从同一基准面起算的。我国规定,把"1956年黄海平均海水面"作为全国统一的高程起算面,高于该面为正,低于该面为负(负值前面加负号),故称为"1956年黄海高程系"。

从黄海平均海水面起算的高程,叫真高,也叫海拔或绝对高程。从假定水平面起算的高程,叫假定高程或相对高程。由物体所在地面起算的高程,叫比高,它是相对高程的一种。起算面相同的两点间高程之差,叫高差(见图3-21)。

二、地貌识别

(一) 山的各部形态识别

地貌的外表形态尽管千差万别、多种多样,但它们都是由某些基本形态组成的。这些基本形态是山顶、凹地、山背、山谷、鞍部和山脊等,如果认识了这些基本形态,识别等高线图就比较容易了。

1. 山顶、凹地

山顶是山的最高部位。山顶依其形状可分为尖顶、平顶和圆顶等。图上表示山顶的等高线是一个小环圈,有的环圈外绘有与等高线垂直的短线,叫示坡线。不与等高线连接的一端表示斜坡的下降方向(见图3-22)。

比周围地面低下,且经常无水的低地,叫凹地。大面积的低地称盆地,小面积的低地

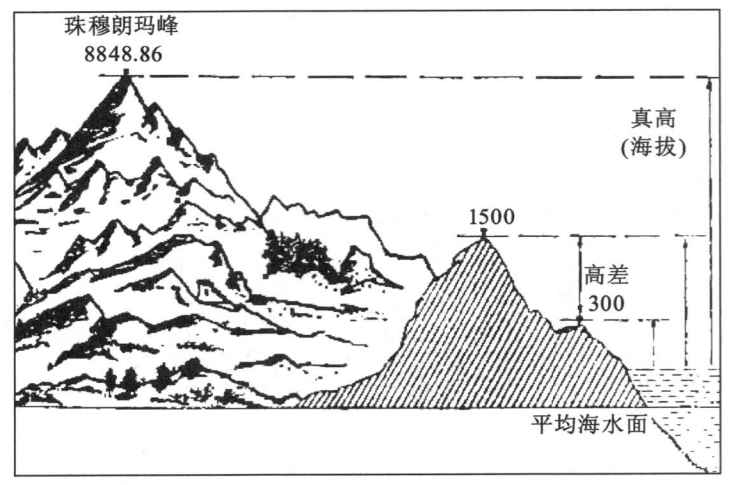

图 3-21 高程起算

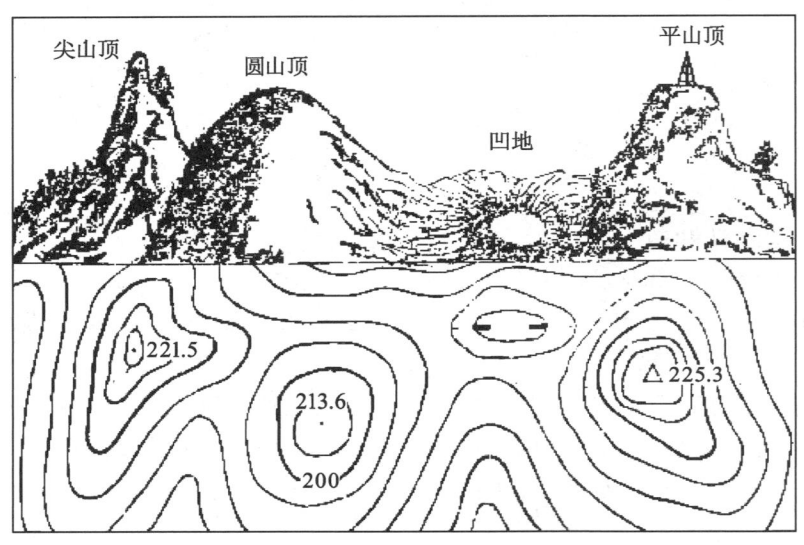

图 3-22 山顶和凹地

称凹（洼）地。图上表示凹地的等高线是用一个或数个小环圈，并在环圈内绘有示坡线。

2. 山背、山谷

山背，是从山顶到山脚的凸起部分，很像动物的脊部。下雨时，雨水落在山背上面就向两边分流，所以最高凸起的棱线又叫分水线。图上表示山背的等高线以山顶为准，等高线向外凸出，各等高线凸出部分顶起的连线，就是分水线（见图 3-23）。

依山背的外形分，有尖的、圆的和平齐的三种。尖山背，等高线依山背延伸方向叶尖状回头；圆山背，等高线依山背延伸方向呈弧状回头；平齐山背，等高线依山背延伸方向呈平齐状回头。

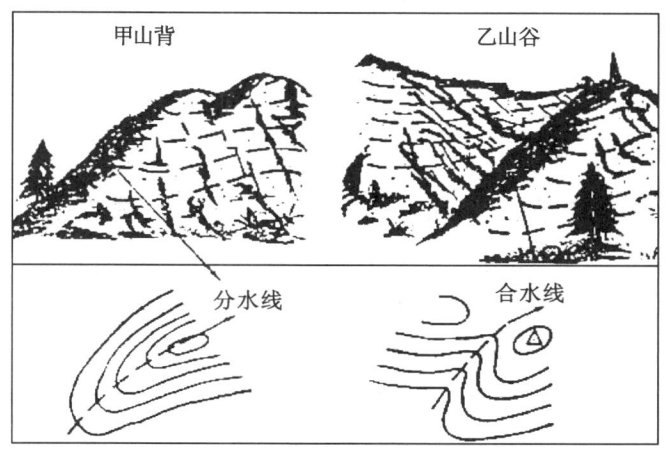

图 3-23　山背和山谷

山谷，是相邻山背、山脊部之间的低凹部分。由于山谷是聚水的地方，所以最低凹入部分的底线又叫合水线。图上表示山谷的等高线与山背相反，以山顶或鞍部为准，等高线向里凹入（向高处凸出），各等高线凹入部分顶点的连线，就是合水线（见图3-23）。

根据山谷横剖面的形状分有：尖形、圆形和槽形三种。尖形谷的横剖面是上部宽敞，底部近于圆弧状，等高线图形为"U"形；槽形谷的横剖面如同水槽上宽下窄的几何梯形，等高线图形为"V"形。

3. 鞍部、山脊

鞍部是相连两个山间的凹下部分，其形如马鞍状，故称鞍部。图上是用一对表示山背和一对表示山谷的等高线显示的（见图3-24）。

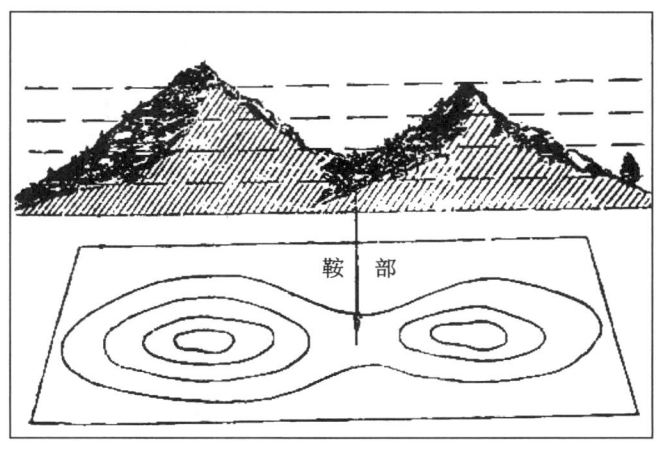

图 3-24　鞍部

山脊是由数个山顶、山背、鞍部相连所形成的凸棱部分。山脊的最高棱线称为山脊线

(见图 3-25)。

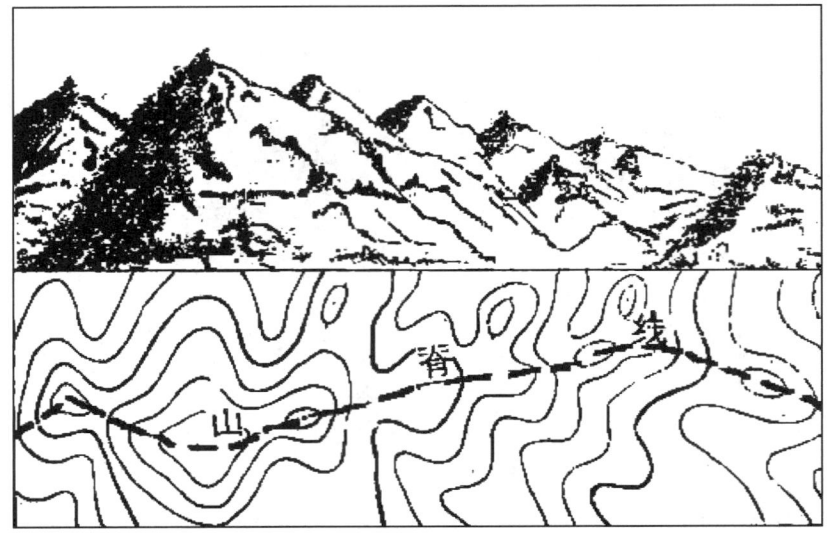

图 3-25 山脊

(二) 斜面和防界线

1. 斜面

斜面是指从山顶到山脚的倾斜部分,又叫斜坡或山坡。军事上以敌对双方占领地区为准,把朝向对方的斜面称为正斜面;背向对方的斜面叫反斜面。斜面按其起伏形状分为以下四种(见图 3-26)。

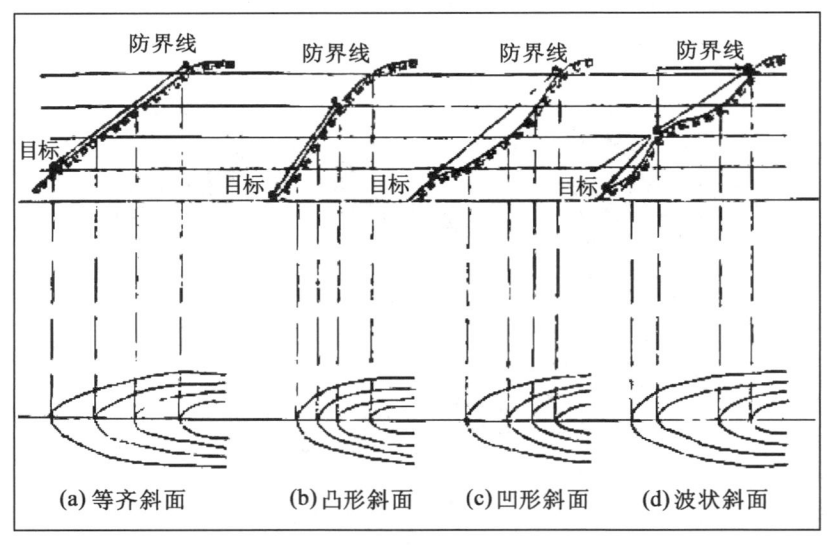

图 3-26 斜面与防界面

(1) 等齐斜面：实地斜面的坡度基本一致，全部斜面均可通视，便于发挥火力。在图上，等高线间隔大致相等，仅有急坡和缓坡之分，急坡等高线密，等高线间隔小；缓坡等高线稀，等高线间隔大。

(2) 凸形斜面：实地斜面的坡度上缓下陡，斜面部分地段不能通视，形成观察、射击的死角。在图上，等高线间隔上面稀，下面密。

(3) 凹形斜面：实地斜面的坡度上陡下缓，全部斜面均可通视，便于发挥火力。在图上，等高线间隔上面密，下面稀。

(4) 波状斜面：是上述三种斜面的组合斜面，实地斜面的坡度交叉变换，陡缓不一。斜面的若干地段不能通视，形成观察、射击的死角较多，但便于组织多层火力配置。在图上，等高线间隔密疏不一。

2. 防界线

防界线通常是斜面上凸起的倾斜变换线。在防界线上能展望其下方的部分或全部斜面，利于构筑射击阵地和观察所。在图上，防界线一般是从山顶往下，等高线由稀变密的地方（见图 3-26）。

(三) 地貌符号

用等高线表示地貌的方法虽然比较科学，但它毕竟是一种相当简化的曲线图形，由于地貌形态复杂多变，不论等高线选择得如何正确，描绘得又如何精细，它都不可能逼真地反映地形的全貌，在等高线之间总有落选的微小地貌，这是等高线本身无法克服的缺点，因此，还必须采用地貌符号才能弥补等高线之不足。地貌符号有以下两种：

1. 微型地貌符号（见图 3-27）

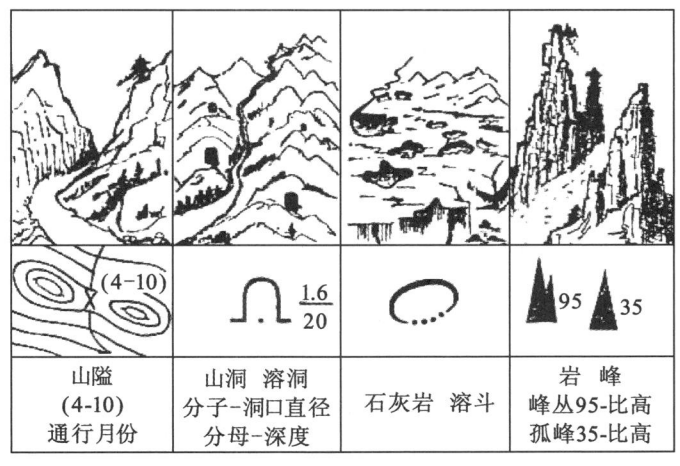

图 3-27 微型地貌符号

山隘：是道路通过鞍部隘口的地方，重要的隘口除绘以符号外，还注有能通行的时间。

山洞（溶洞）：是石灰岩地区的重要标志之一，由于地下水的溶蚀作用而形成地下洞穴，虽然洞口不大但洞内体积一般都很大，在军事上具有重要的价值，可用作天然的大仓库，也可作为防核、隐蔽兵力的重要场所。地形图上以山洞符号的点表示洞口的真实位置，同时还注有洞口的最短直径和洞深。

溶斗：是石灰岩地区受水溶蚀而形成的漏斗式小凹地，底部有透水窟窿的才用该符号表示。黄土地区的溶斗也用此符号，但均注记有"土"字。

岩峰：是高耸于山岭、山坡或平地上的柱状岩石，是良好的方位物。孤立的用"孤峰"符号表示，成群的用"峰丛"符号表示，峰丛的比高注记是指其中最高的岩峰。

2. 变形地符号（见图3-28）

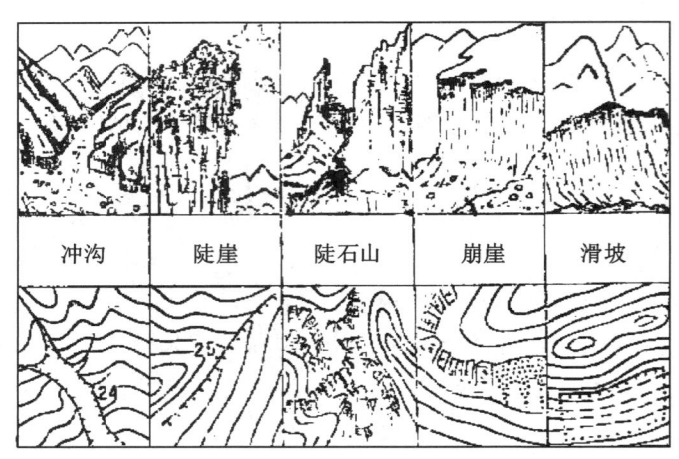

图 3-28 变形地符号

冲沟：是在土质疏松、植被稀少的斜坡上，由暂时性流水冲蚀而成的大小沟壑，它是黄土地形的典型地貌。根据符号在图上的宽度分为：单线冲沟、双线冲沟（依比例）和陡壁冲沟（依比例，用陡壁符号或加等高线表示）三种。

陡崖：是指坡度在70°以上难以攀登的陡峭崖壁。有土质和石质之分，实线表示陡崖的上缘，齿线表示斜坡降落方向，一般都注记比高。

陡石山：是岩石大部或全部裸露在外、坡度大于70°的山地。陡石山符号是按照光线法则，以断续脊线表示岩顶，以纵横交错的短线表示陡岩。

崩崖：是山坡受风化作用后，岩石碎屑从山坡上崩落下来的地段。图上用密集的小圆点表示沙土质崩崖，用三角块加小圆点表示石质崩崖，大面积的崩崖再配合等高线表示。

滑坡：是斜坡表层因地下水（地表水）的影响，在重力作用下沿着斜坡下滑的地段。滑坡的上缘用陡崖符号绘出，范围用点线描绘，内部用断续的等高线表示。

三、高程与高差的判定

在地形图上判定高程和高差，是根据等高距和高程注记进行的。要判定得迅速、准确，就必须掌握判定的方法。

(一) 高程的判定

在使用地形图时，经常要判定点位的高程，如炮兵射击，为了确定高低角，就要知道火炮阵地、观察所和目标的高程。图上判定高程的方法如下（见图 3-29）。

(1) 先从南图廓外查明本图的等高距，并在判定点附近找出控制点或等高线的高程注记。

(2) 根据判定点与已知高程注记的关系位置，向上或向下数等高线，并加（减）等高距。

(3) 根据判定点所在的位置，判定其高程：

①当点在等高线上时，判明该等高线的高程就是该点的高程。如图 3-29 所示，判定独立房（11，71）的高程时，先了解本幅图的基本等高距为 10 米，再在附近找到计曲线的高程注记为 250 米，独立房的等高线比计曲线低二个等高距，所以独立房的高程为 230 米。也可利用附近点的高程注明 305.4 米，去掉余高 5.4 米，该山顶的最小环圈等高线为 300 米，从此等高线向下数，独立房所在的等高线，其高程为 230 米。

②当点在某两等高线之间时，应先判明其上、相邻两等高线的高程，再按该点所在等高线间的部位进行计算。如图 3-29 所示，判定针叶突出树所在地面的高程，因针叶突出树位于 230 米与 240 米两等高线之间，约占等高线间隔的十分之六处，所以突出树的地面高程约为 235 米。

③当点在无名高地顶点或鞍部时，先判定该点下一条等高线的高程再加半个等高距的米数（如下方一条等高线为间曲线，应加四分之一等高距米数）。如图 3-29 所示，独立石（13，74）所在地面的高程约为 265 米。独立石左侧鞍部独立房的高程约为 235 米。

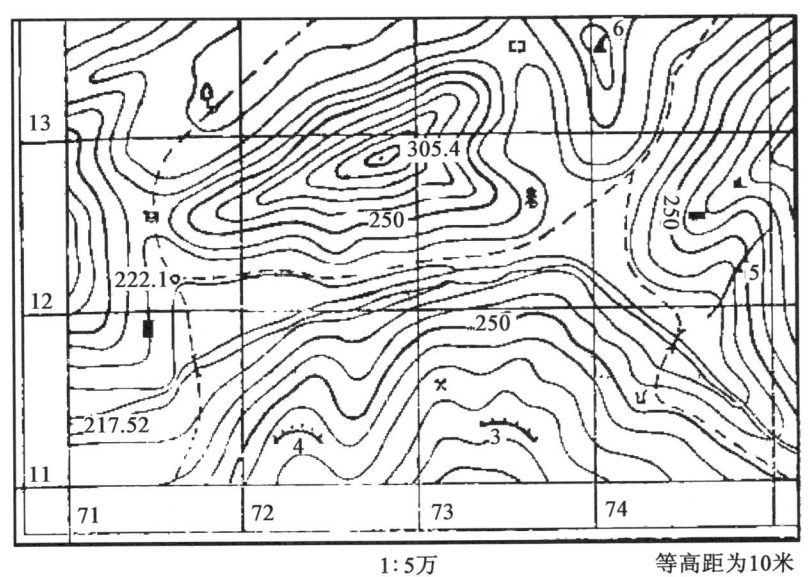

图 3-29 判定高程高差

(二) 高差判定

判定两点的高差时，应先分别判定两点的高程，然后相减即为两点的高差。

例：在图 3-29 中，针叶突出树的高程约为 236 米，独立房的高程为 230 米，则两点的高差为 236-230＝6（米）。

四、地面起伏与坡度的判定

(一) 地面起伏的判定

在图上判定战斗行动区域或行进方向上的起伏状况时，首先应根据等高线的密疏情况、高程注记、河流的位置和流向，判明各山脊的分布状况和地形总的下降方向，再具体分析山顶、鞍部、山脊、山谷的分布，详细判明起伏状况（见图 3-30）。其判定根据如下：

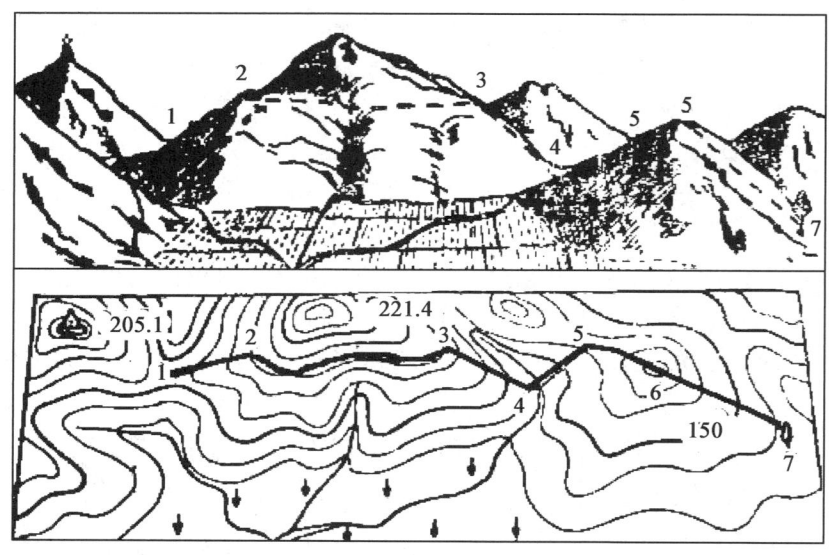

图 3-30　行进路线起伏判定

（1）根据等高线的密疏判定。地形图上，一般等高线密集的地方，坡度陡、地势高；等高线稀疏的地方，坡度缓、地势低。

（2）根据高程注记判定。高程点高程递增为上坡方向，递减的为下坡方向，等高线的高程注记，字头朝向上坡方向。

（3）根据示坡线判定，示坡线与等高线相连接后端是上坡方向，另一端指的是下坡方向。

（4）根据河流还绘有流向符号，从而判出河的上下游，明确倾斜方向；当一组等高线在河流一侧时，靠近河流的等高线低，远离河流的等高线高；当一组等高线横穿河流时，上游的等高线是上坡方向，下游的等高线的是下坡方向。

（5）根据山的各部形态判定：山顶高、鞍部低；山背高、山谷低；山脊高，山脚低；

山地高，平原洼地低等，通过图上各部形态的等高线图形就能判定其高低或上下坡方向。

具体判定时，应根据上述方向，逐片逐段进行。

(二) 坡度的判定

坡度是斜面对水平面的倾斜程度，坡度的大小通常以度数表示，也有用百分数表示的。

在图上判定坡度时，常用坡度尺量读。

地形图的地图廓的下方都绘有坡度尺。如图 3-31 所示。

坡度的底线上，注有 1°~30°的坡度数值和 3.5%~58%的百分数，从下至上有 6 条线（1 条直线、5 条曲线），可以分别量取 2~6 条等高线间的坡度。量取两条等高线间的坡度时，先用两脚规（纸条、草棍等）量取图上两条等高线间的宽大度，然后到坡度尺的第一条曲线与底线间的纵方向上去比量，找到与其等长的垂直线，即可读出相应的坡度。如图 3-31 所示，量得大车路的最大坡度为 2°。

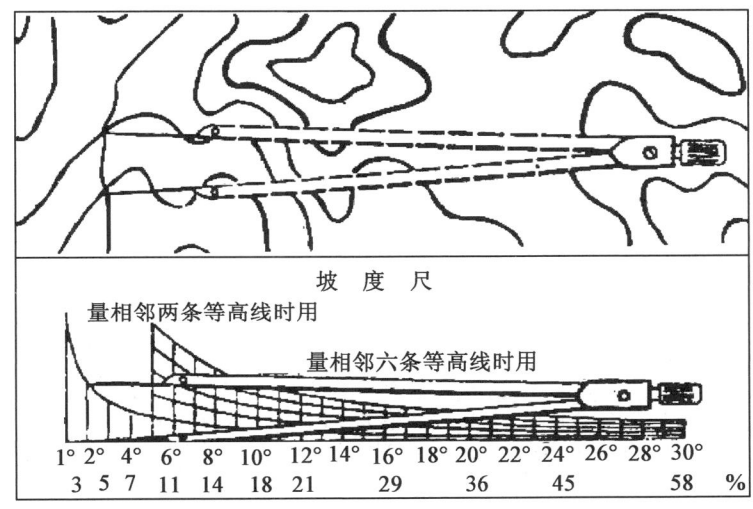

图 3-31 用坡度尺量坡度

如几条等高线的间隔大致相等时，可一次量取 2~6 条等高线的间隔，量取几条等高线，就在坡度尺相应的曲线上比量几条，然后读出相应的坡度。

五、地貌判定应注意的问题

(1) 利用等高线判读地貌起伏时，必须是一组等高线才能进行，单凭一条等高线很难判定地貌的形态。

(2) 判读地貌形态，量算高程、坡度等，必须在大于 1∶10 万的地形图上才能进行，因为小于 1∶10 万的地形图，等高线是经过综合取舍编绘出来的，只能起反映地貌大致形态和高程统计的作用，所以在这类图上量算坡度，就很难做到与实地一致准确。

(3) 由于等高线之间有一定距离，所以它就无法表示出两条等高线之间的地形变化，这就使得一些微小地形遗漏在两等高线之间（见图3-32）。因此地图与实地就不可能一模一样，甚至有一些山顶和鞍部的点位以及高程无法准确判读。

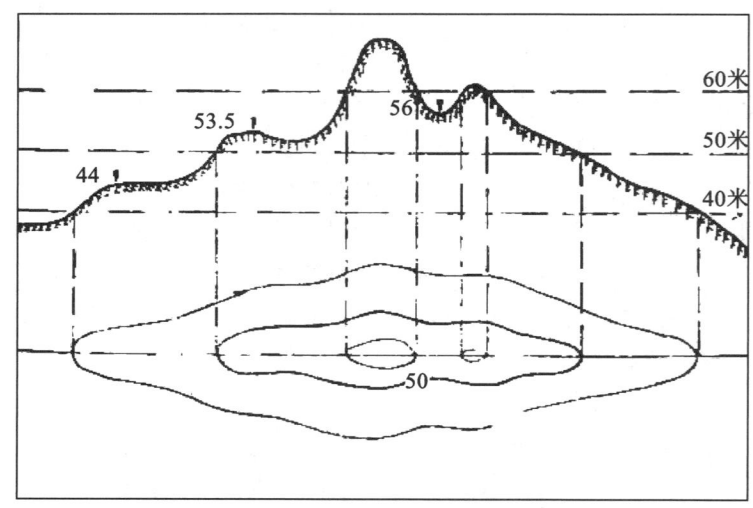

图 3-32　等高线间地形遗漏

（4）有些地区，如山地、由于坡度太陡，等高线十分密集，图上两条计曲线之间很难画出四条线，因此，画图时采用了"合并"或"略绘"首曲线的办法，即计曲线只绘3条、2条，甚至1条首曲线（见图3-33）。遇到这种情况，切不可产生错觉或误解。

图 3-33　等高线的合并与略绘

（5）在地形图上，有时可能出现局部地区等高线图形与实地不符的情况，此时，应根据附近等高线图形和其他图形特征进行综合分析，以得出正确的判读结果。

☞**复习思考题**

1. 什么是地物符号？特点是什么？分为几类？
2. 地物符号有哪些规定？
3. 怎样识别与记忆地物符号？
4. 识别地物符号应注意哪些问题？
5. 什么是等高线？等高线分为哪几种？
6. 等高线是怎样反映地貌的？
7. 什么是等高距？等高距是怎样规定的？
8. 山的各部分名称是什么？怎样识别？
9. 怎样判定高程和高差？

第四章　地形图的使用

地形图的使用是在学会识别地形图的基础上进行的，是军事地形学的重要内容。熟练地掌握使用地形图的方法要领，对于一个指挥员来说是十分重要的，如果不会使用地形图或者使用地形图的本领较差，就不能正确利用地形图来研究敌情、地形、拟订作战计划和实施组织指挥。尤其在较为生疏、自然环境复杂的地区，在沙漠、草原、夜间，在无人烟、无向导的情况下，就难免要迷失方向，贻误战机。

学会使用地形图，无论是平时组织部队作战、训练，还是利用地形图组织相关的军事体育项目，都有十分重要的作用。定向越野运动就是在学会识图、用图的基础上开展的一项集体力、智力于一体的运动。在当今高新技术条件下的战争，要求军队反应快、运动快、机动范围大，再加上面临的地形复杂，因而军队作战指挥人员需要更加熟练地掌握识图用图的本领，才能在未来高新技术战争中立于不败之地。

第一节　方 位 判 定

方位判定，就是在现地辨明东、西、南、北方向，明确周围地形和敌我关系位置，以保持行动自如去夺取战斗的胜利，避免迷失方向而贻误战机。

一、利用指北针判定

指北针（指南针），是从我国古代发明的"司南"逐渐改进而成的。指北针携带方便，操作简单，能迅速、准确地判定方位，是现代判定方位的基本工具。

我军现用的指北针，有五一式、六二式、六五式等，虽然型号不一，但其构造原理基本相同。现以六二式指北针为例介绍如下（见图4-1）：

（一）指北针的构造及其用途

六二式指北针是由磁针、刻度盘、方位玻璃框、角度摆、距离估定器、里程表、直尺和反光镜等部件组成，可用来判定方位，测定方位角，量测距离、坡度和测绘略图。

刻度盘，是固定不动的，上面刻有内外两圈分划，内圈为60-00密位制，每个小分划为0~20密位；外圈为360°，每个小分划为2°，主要用于量度方位。

方位玻璃框，位于刻度盘之上，可自由转动，其上面刻有东、南、西、北字样，用来配合刻度盘指示方位。

角度摆和角度表，可用来测定坡度，角度表上的分划单位为度，每个小分划为5度，可测量俯仰角各60度，"+"表示仰角，"-"表示俯角。

里程表，由指针、表盘、滚轮等部分组成，可量取1∶2.5万、1∶5万、1∶10万比

第一节 方位判定

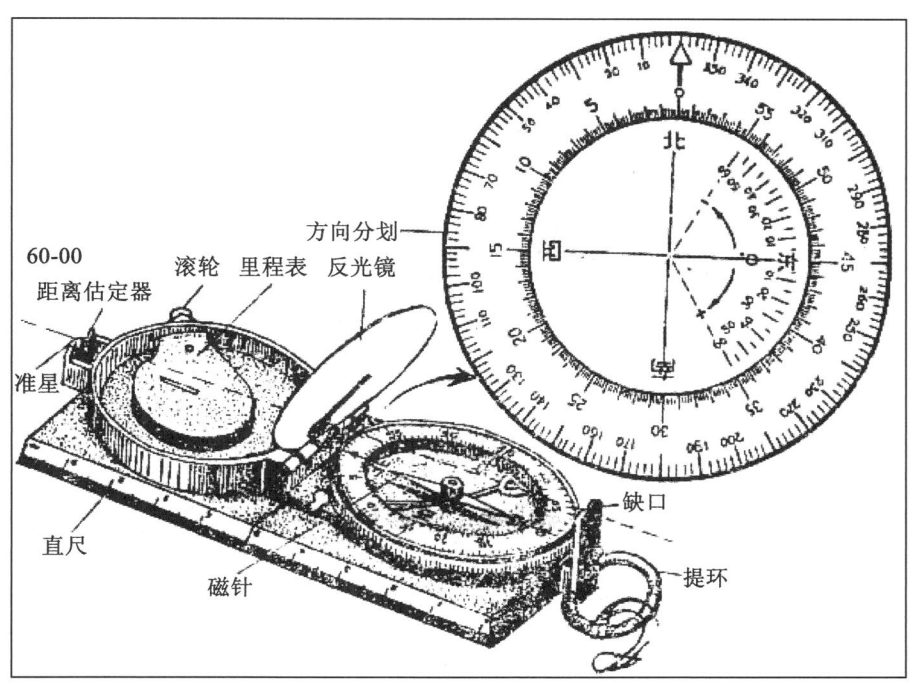

图 4-1 指北针

例尺地形图上的量程。

距离估定器，两尖端间的宽度为 12.3 毫米，照门至准星的长度是 123 毫米，恰为两尖端间宽度的 10 倍，可用以测定距离。

（二）利用指北针判定方位的方法

判定方位时，将指北针平放，待磁针静止后，磁针涂有夜光剂的一端或黑色尖端所指的方向，就是现在的磁北方向。

使用指北针以前，应检查磁针是否灵敏，其方法是用一钢铁物体扰动磁针的平静。若磁针迅速摆动后，仍停在原分划处，则说明磁针是灵敏的，可以使用。若各次磁针静止后所指分划相差较大，说明该指北针不能用，应进行检修和充磁。

二、利用北极星判定

北极星是正北方天空的一颗恒星，夜间找到北极星，就找到了北方。

北极星位于小熊星座的尾端，因小熊星座比较暗淡，所以人们通常根据大熊星座（即北斗七星，俗称勺子星）、仙后星座（即女帝星座，又叫 W 星座）的位置关系来寻找（见图 4-2）。

大熊星座主要由 7 颗明亮的星组成，形状像一把勺子。将勺端两星（叫指北极星）的连线向勺口方向延长，约在两星间隔的 5 倍处，有一颗比大熊星座略暗的星，就是北极星。

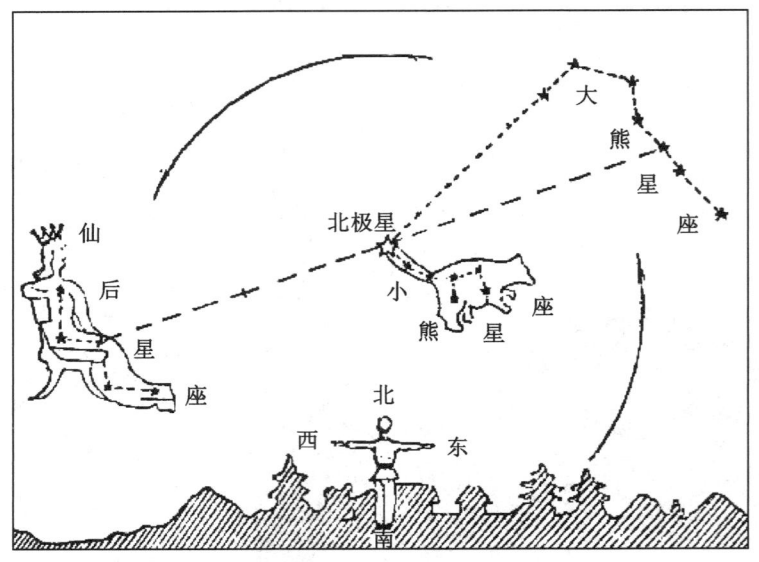

图 4-2 利用北极星判定方位

仙后星座主要由五颗明亮的星组成，形状像"$\sum$"，在"$\sum$"缺口方向上找，约为缺口宽度的两倍处，就可以找到北极星。

大熊星座和仙后星座分别位于北极星的两侧，在北纬 40°以北地区，全年可以看到大熊星座和仙后星座，北纬 40°以南地区，有时只能看到其中的一个星座，另一个则移到地平线以下。

三、利用太阳和时表判定

判定的要领是：时数折半对太阳，"12"指的是北方。如在北京地区下午 2 时（即 14 时）40 分判定方位时，应以 7 时 20 分对太阳，此时 12 时所指的方向就是北方（见图 4-3）。

北京标准时间，是以东经 120°经线的时间为准，在远离东经 120°的地区判定方位时，应将北京时间换算为当地时间，即以东经 120°为准，每向东 15°，将北京时间加上 1 小时，每向西 15°，减去 1 小时。

此方法在北纬 23°30′以南地区，夏季太阳垂直照射，不宜使用。

四、利用地物特征判定

有些地物由于受地理位置、气候等自然条件的影响，形成了某些特征，可用来概略地判定方位。

（1）独立大树，通常南面的枝叶较茂密，树皮较光滑，北面的枝叶较稀疏，树皮较粗糙。

（2）独立树树桩的年轮，通常北面的间隔小，南面的间隔大。

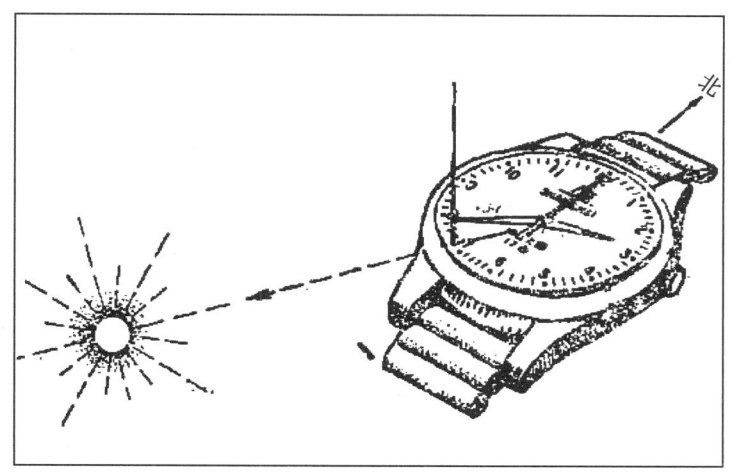

图 4-3　利用手表判定方位

（3）突出地面的地物，如土堆、土堤、树林和建筑物等，通常南面干燥，北面潮湿；南面积雪融化得快，北面积雪融化得慢。土坑、沟渠和林中空地等则相反（见图 4-4）。

图 4-4　利用地物特征判定方位

上述特征只能判出概略方位，有时也可能有反常现象。在判定方位时应多种方法结合使用。各地都有供判定方位的特征，可研究其规律用来判定方位。

第二节　标定地图

标定地图，就是使地图的方位与现地一致。地图的方位是上北下南，左西右东。标定地图就是使地图和现地两者的方位一致,恢复地图与实地成比例相似的关系。地图,特别是大比例尺地形图,反映实地地形详细精确,要使每个符号与实地都一一对应起来,就必须标定地图。下面介绍标定地图的常用方法。

一、概略标定

在现地判明方位后,将地图的上方对向现地的北方,地图即已概略标定。这种方法简便迅速,是现地使用地图最常用的方法。

二、用指北针标定

1. 依磁子午线(磁北方向线)标定

在地形图的南北内图廓线上,各绘有一个小圆圈,并分别注有磁南(P)、磁北(P′),这两点相连的虚线就是该图幅的磁子午线(1964年前出版的旧地图没有连线)。

标定时,先使指北针准星的一端朝向地图的上方,并使指北针的直尺边切于磁子午线;然后转动地图,使磁针北端对准指标(刻度盘的"0"分划),地图即已标定(见图4-5)。

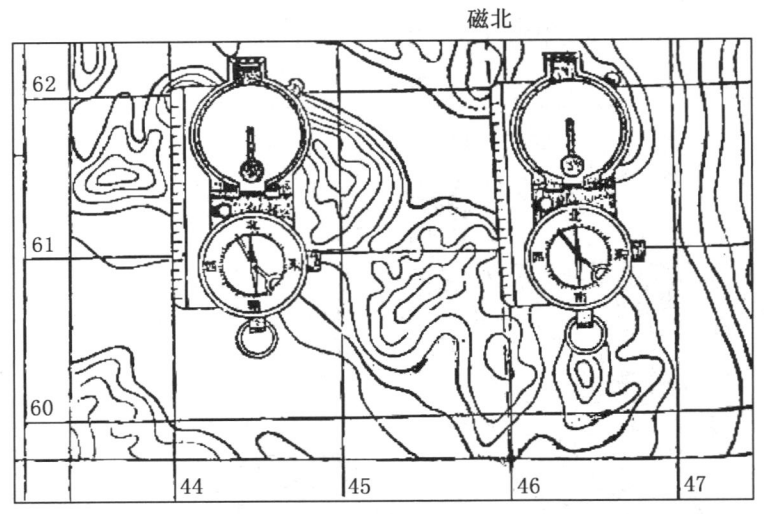

图4-5 依磁子午线、坐标纵线标定地图

2. 依坐标纵线标定

将指北针准星的一端朝向地图上方,使直尺切于任一坐标纵线,然后转动地图使磁针北端对准指标(刻度盘"0"分划),这时地图即已基本标定。如果本图的磁坐偏角大于40密位时,则应依该图的偏角图修正:若是西偏,即应转动地图使磁针北端指向指标以西应修正的密位处;若是东偏,则应使磁针北端指向指标以东应修正的密位处。

此外,还可以使用指北针在真子午线(地图的东、西内图廓线)上标定,其标定与修正方法,完全与依坐标纵线标定方法相同,但修正量应为磁偏角。

三、利用直长地物标定

所谓直长地物,就是既直又长的地物,如公路、铁路、水渠、土堤、通信线等都是直长地物。利用直长地物标定的过程如下:

(1) 先从地图上找到这段直长地物符号。
(2) 对照两侧地形,使地图和现地的关系概略相符。
(3) 再转动地图,使图上的直长地物符号与现地直长地物方向一致,地图即已标定(见图4-6)。

图4-6 利用直长地物标定地图

四、依明显地形点标定

明显地形点是指有突出特征的物体,如山顶、鞍部、烟囱、水塔、桥梁、岔路口、土堆、独立树等。依明显地形点标定的过程如下:

(1) 确定站立点在图上的准确位置。
(2) 在现地远方选一个图上有的明显地形点(突出树、塔、山顶等)作为目标点。
(3) 放平地图,将指北针直尺(三棱尺)边切于图上站立点和该目标点上,然后转动地图,通过照门、准星对准现地目标点,地图即已标定(见图4-7)。

五、依北极星标定

军队在夜间行动,视线不良,不便于依据地形点标定地图方位时,还可以利用北极星标定地图方位。其方法是:面向北极星,将地图上方概略朝北,然后转动地图,通过东(西)内图廓线(真子午线)瞄准北极星,地图即已标定。

图 4-7 依明显地形点标定地图

第三节 确定站立点

确定站立点，就是在现地用图中，准确地在地形图上找到自己站立点的实地位置，它是现地用图的一个关键问题，确定站立点的方法通常有：

一、目估法（判定法）

利用明显地形点目估确定站立点在地图上的位置，是确定站立点最常用的方法。

（1）当站立点在山顶、鞍部、桥梁、岔路口等明显地形点上时，只要在图上找到这个地形符号，也就找到了站立点在图上的位置。

（2）当站立点在明显地形点附近时，判定的方法是：

①先标定地图方位；

②对照周围明显的地形细部，并在图上找到站立点附近的明显地形点；

③根据站立点附近明显地形点的关系位置（方向、距离），判定站立点在图上的位置。

如图 4-8 所示，用图者站在三角点左下方的山背上，根据左侧的冲沟和前方山顶等关系位置，确定站立点在图上的位置。

二、后方交会法

当站立点附近找不到明显地形点时，而在远方能找到两个以上现地和图上都有的明显地形点时，可采用后方交会法确定站立点在图上的位置。其方法是：

（1）准确标定地图方位。

（2）选择离站立点较远的图上和现地都有的两个明显地形点（如图 4-9 中的山顶和

图 4-8　目估法

房屋)。

(3) 将三棱尺或直尺切于图上一个远方地形符号(山顶)的定位点上(可插细针),转动三棱尺或直尺向现地相应的地形点瞄准,并沿直尺边向后绘方向线。

(4) 不动地图,再用同样方法向另一远方地形点(房屋)绘方向线,两条方向线的交点,就是站立点在图上的位置(见图4-9)。

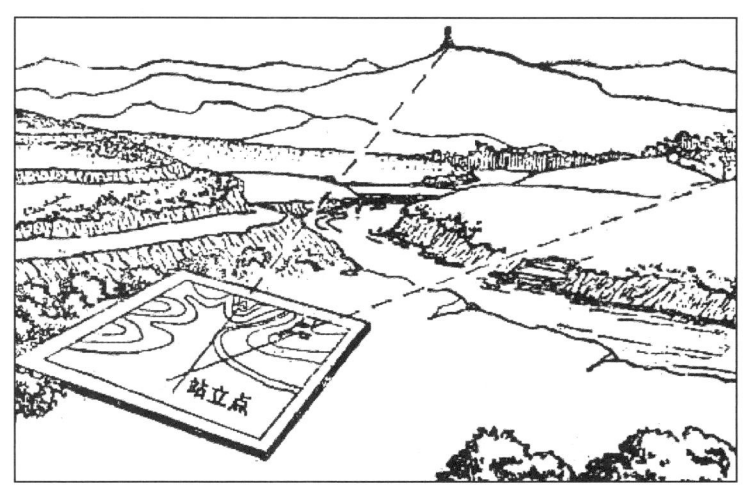

图 4-9　后方交会法

三、截线法

在直长地物(道路、土堤等)上用图时,可采用截线法确定站立点在图上的位置。其方法是:

(1) 准确标定地图。

(2) 在直长地物的一侧，选择图上和现地都有的一个明显地形点。

(3) 将直尺边切于图上相应地形点符号的定位点上（定位点最好插一细针），转动直尺，向现地明显地形点瞄准，并沿直尺边向后画方向线，方向线与直长地物交点就是站立点的图上位置（见图4-10）。

图 4-10　截线法

四、磁方位角交会法

在丛林或不便于直接从图上照准目标的地区，确定站立点的图上位置时，可用磁方位角交会法。

以丛林为例，其方法是：

（1）攀登到便于通视的树上，选择图上和现地都有的两个明显地形点，并用指北针分别测出至该两个地形点的磁方位角。

（2）在树下准确标定地图。

（3）将所测磁方位角图解到地形图上。先将指北针的直尺分别切于图上被照准的两个地形点符号的定位点上，转动指北针，使磁针北指向所测相应的磁方位角分划，并沿直尺边描画方向线，两方向线的交点就是站立点的图上位置（见图4-11）。

五、极距法

当便于测量站立点到已知点的距离时，可采用极距法确定站立点的图上位置。其方法是：

（1）准确标定地图。

（2）选择一个距离较近，图上和现地都有的明显地形点。

（3）将指北针直尺（三棱尺）边切于图上该地形点符号的定位点上（可插细针），

图 4-11　磁方位角交会法

向现地明显地形点瞄准，并沿直尺边画方向线。

（4）估测出从站立点至明显地形点的距离，再根据距离，按比例尺在方向线上定出一点，该点即为站立点在图上的位置（见图 4-12）。

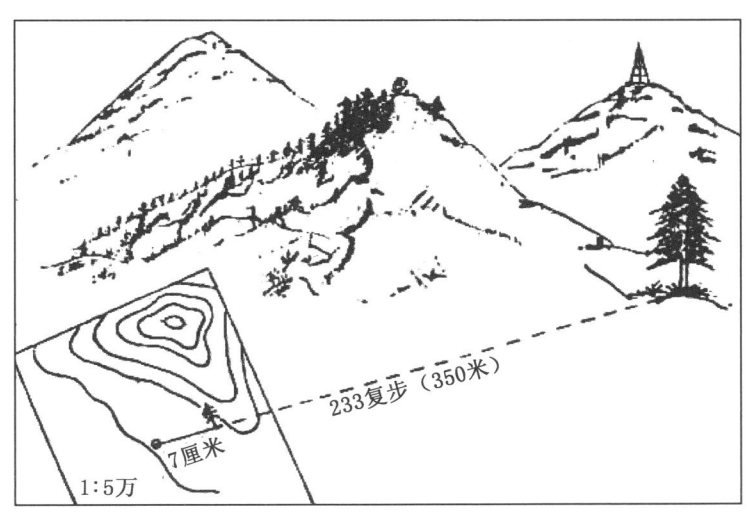

图 4-12　极距法

六、定直线法

当站立点位于两个明显地形点的连线上时，可用定直线法确定站立点的图上位置。其方法是：

（1）概略标定地图方位。

(2) 在图上，通过两明显地形点连接直线。

(3) 估测出站立点到最近明显地形点的距离，按比例尺在连线上定一点，该点即为站立点在图上的位置（见图 4-13）。

图 4-13　定直线法

七、注意事项

(1) 不论采用何种方法确定站立点，均应认真分析研究站立点周围地形。选明显地形点，作已知点时，图上位置一定要找准，防止判错点位和用错目标。

(2) 地图标定后，在定点过程中，地图方位不能变动，并应注意检查。

(3) 采用交会法时，为提高交会点准确性，两方向线的交角，一般不要小于 30°（5-00）或大于 150°（25-00）。条件允许时，最好用第三条方向线进行检查。

第四节　现地对照地形

现地对照地形，通常是在标定地图、确定站立点的基础上进行的。现地对照地形的内容有：一是找到现地和图上都有的目标；二是现地有而图上没有的目标要能确定其在图上的位置；三是图上有而现地没有的应找出原来的现地位置。

一、对照地形的顺序

现地对照地形一般是先主要方向，后次要方向；先对照大而明显的地形，后对照一般地形；由近及远，由左至右（由右至左）；先图上后现地，再由现地到图上；以大带小，由点到面，逐段分片地进行对照。

二、现地对照的方法

对照方法主要根据站立点与目标的方向、距离、特征、高程及目标与其附近地形的关系位置，分析比较，在地图与现地反复验证。对照时，通常采用目估法，必要时可借助于观测器材。当地形重叠不便观察时，应变换对照位置或登高观察对照，对地形复杂，不易对照具体位置时，可采用以下方法：

1. 图上对照现地

（1）标定地图，确定站立点，并固定地图不动。

（2）将直尺（三棱尺）切于图上站立点和要找的地形符号上，向前瞄准画方向线。

（3）在图上量出站立点到地形符号的长度，并换算成实地距离。

（4）根据瞄准的方向线和换算的实地距离，再结合地形的关系位置、特征等，就可以找到目标。

2. 现地对照图上

（1）先标定地图，确定站立点在图上的位置（站立点上最好插一细针）。

（2）将直尺（三棱尺）靠站立点转动，向实地的地形点瞄准，并沿直尺向前画出方向线。

（3）目估站立点到实地地形点的实地距离，按比例尺缩成图上长度。

（4）根据图上长度和地形的关系位置、特征即可确定实地地形点在图上的位置。

三、平原、山地、丘陵对照的要领

1. 平原

对照平原地形时，可先对照主要的道路、河流、居民地、突出的独立物和高地；再根据地物的分布规律和相互关系位置，以道路或河流分片逐点地与其他细部地形进行对照。

2. 山地

对照山地地形，先在图上判定它的分布状况，主要高地的位置、山脉的基本走向等，然后进行具体对照。对照时，可根据地貌形态，山脉走向，先对照大而明显的山顶、山脊、谷地；然后顺着山脉、谷地的走向具体对照山顶、鞍部、山背、山谷等细部地形。

3. 丘陵

对照丘陵地形的方法基本与山地相同，但因丘陵山顶圆浑，形状相似，难度较山地大，因此，对照时更应仔细，一般以山脊为主干，以明显地形点为基础，对等高线的小弯曲要认真分析对照。如山脊前后重叠不易分辨时，可根据耕地形状的变化，植被颜色的不同，谷地、居民地的形状、大小，以及露出的树冠等特征进行分析判定。

四、现地对照应注意的问题

（1）地形图是经过取舍绘制的。比例尺越小，舍去的越多，表示越概略。因此，一些小的地形细部（小山顶、山脊、山谷等）在图上找不出来。

（2）地形图反映不出发生变化的地形。由于建设的不断发展，某些地形变化较大，但纸质地形图测制有一个过程，不可能随时把变化的地形在图上及时反映出来，在对照时要认真分析。

（3）注意地形变化规律。地形变化的一般规律是：地物变化大，地貌变化小；城市、集镇扩大，分散住户减少；公路、桥梁、水库以及水利、电力设施增多，庙宇、牌坊、土堆、坟地之类的地物减少等。

在现地对照地形时,应根据具体情况综合分析,从而得出正确的结论。

五、确定目标点

在现地用图中,为了将现地所增加的地形目标和战术目标绘制在图上或测定其坐标,供炮兵射击指示目标之用,常需在图上确定目标点的位置。确定目标点的方法通常有:

1. 目估法(判定法)

根据明显地形目估确定目标点在图上的位置,是常用的方法。

(1)当目标在明显地形点上时,从图上找到该明显地形点,即为目标点在图上的位置。

(2)当目标在明显地形点附近时,应先标定地图并在图上找出该明显地形点,再根据目标与明显地形点的方位、距离和高差等,将目标点目估确定于图上。

如图 4-14 所示,目标(树林)位于小河北侧和小路西侧,根据目标离小河和小路的距离,以及目标附近地面的倾斜情况,目估确定目标在图上的位置。

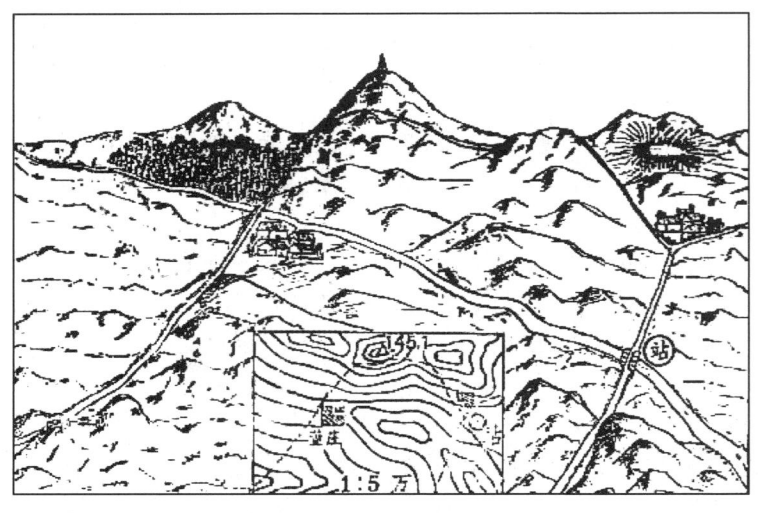

图 4-14　目估法确定目标定位点

2. 光线法

当目标较多,其附近没有明显的地形点时,多采用光线法确定目标点的图上位置。其方法是:

(1)标定地图,并固定不动。

(2)确定站立点在图上的位置。

(3)将指北针直尺(三棱尺)边切于图上的站立点(可插细针),并依次向现地各目标瞄准,向前画方向线。

(4)目测站立点至目标点距离,将距离依地图比例尺换算成图上长,并在各方向线上截取相应目标的图上概略位置,然后根据目标点与附近地形的关系位置,在方向线上分析、判定出目标点在图上的准确位置（见图4-15）。

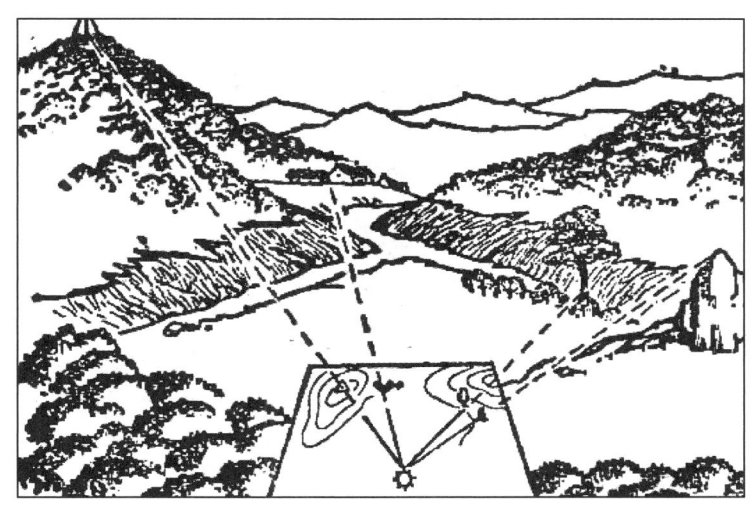

图4-15　光线法确定目标定位点

3. 前方交会法

当目标点较远而附近无明显地形点不易在图上确定时，可在两个站立点上用前方交会法来确定目标点在图上的位置（见图4-16）。当交会目标（独立树）在图上的位置时，其方法是：

（1）根据交会角大于30°（5-00），小于150°（25-00）的原则，选定图上和现地都有的两个明显地形点作为站立点（见图4-16）中选甲、乙两点）。

（2）在第一点上标定地图，确定该点在图上位置，并插一细针，然后用指北针直尺（三棱尺）边紧靠细针向现地目标点瞄准，向前画方向线。

（3）以同样方法在第二点上描画方向线，方向线的交点就是目标点（独立树）的图上位置（见图4-16）。

4. 高差法

当目标和已知地形点位于坡度较陡的同一正斜面上时，可采用高差法确定目标点的图上位置。其方法是：

（1）测角度，瞄方向。用望远镜等器材测出目标点至已知地形点的方向角，依方向角在图上图解出站立点至目标点的方向线（亦可在标定地图后，直接向目标点描画方向线）。

（2）求高差，算高程。测出目标点与已知点的高低夹角，并在图上量取站立点至已知地形点的距离，利用密位公式计算目标点与已知地形点高差，求出目标点的高程。其公式为：

$$高差(米) = 高低夹角(密位) \times 距离(千米)$$
$$目标点高程 = 已知点高程 \pm 高差$$

（3）依高程，定点位。在站立点至目标点方向线上，根据目标点高程确定目标点的

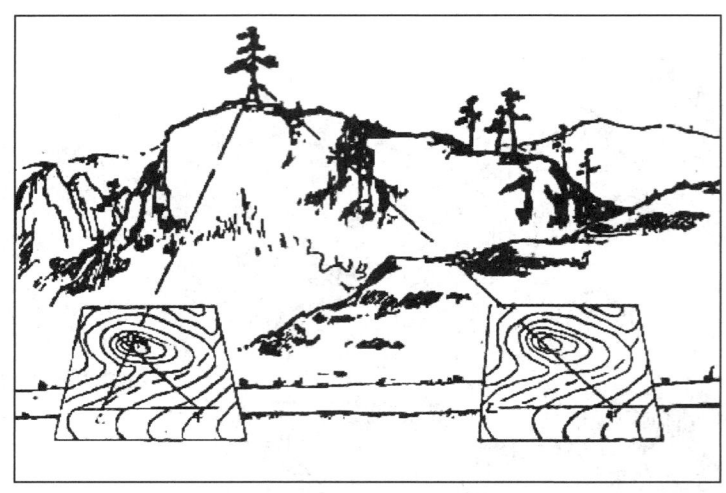

图 4-16 前方交会法

图上位置。

如图 4-17 所示,测得目标点至 237.2 高地的方向角为向右 1-70,高低夹角为-0-20,在图上量得站立点到 237.2 高地的距离为 2.45 千米,则

$$高差 = -(0-20) \times 2.45 = 49 （米）$$
$$目标高程 = 237.2 - 49 = 188.2 （米）$$

在站立点至目标点方向线上,根据目标点高程 188.2 米定出目标点位置在 180 米等高线上方。

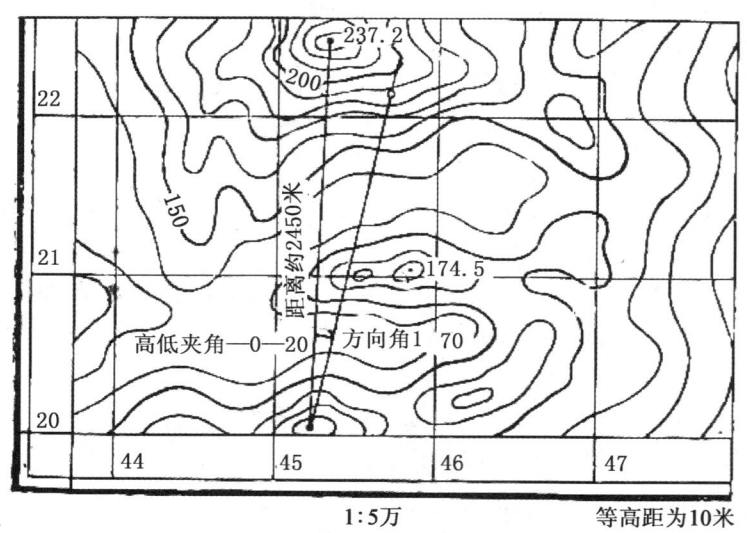

图 4-17 高差法确定目标定位点

第五节　利用地图行进

利用地图行进，就是利用地形图选定行军路线，通过地图与现地对照，以保持沿选定的路线，到达预定地点的行进方法。利用地图行进，是保障部队行动的一个重要方法。

能否利用地图行进，对于战斗任务的完成影响极大。例如，在某次作战中，某部接到转移阵地的命令后，因为干部不会识图用图，没有掌握按图、按方位角行进的要领，结果把部队带进了一条无路可走的深山沟，转了 2 个小时，只得沿原路返回，共 12 千米的路程，却走了 8 个小时，给部队所有人增加了疲劳，延误了到达新位置的时间，贻误了战机。因此，要求每个指挥员必须熟练掌握利用地图行进的方法要领。

一、行进前的准备

利用地图行进前，除器材外，在图上主要应做好以下准备：

1. 选择行进路线

行进路线，是根据受领的任务、敌情、地形和部队装备等情况，在图上选出最佳行进路线。选择时，应着重考虑和研究路线与行动有关的地形因素，如地貌的起伏、沿途居民地、森林地、山垭口以及桥梁、渡口和涉场的状况。如有敌情顾虑时，更应注意研究沿道路两侧地形的起伏与隐蔽情况，遇空袭时的疏散区域，与敌对峙时可能利用的有利地形等。组织大部队行进，还应根据部队的大小选择平行路，以便多路行进。

在越野行进时，应使每一转弯点都有明显的方位物。在夜间行进时，则应注意选定夜间便于判别的方位物。

为便于行进中掌握方向，在路线选定后，还应在沿线选定明显突出、不易变化的目标作为方位物，如行进路线上的转弯点、岔路口、桥梁、居民地的进出口、城市中的广场和突出建筑物，以及沿线两侧的高地等。

2. 标绘行进路线

标绘行进路线和方位物，就是将选定的行进路线（出发点、调整点和终点）和方位物，用彩色笔醒目地标绘在图上，并进行编号，以便沿途对照检查。有时也可专门调制行军路线略图。

3. 量里程、算时间

在图上量取路线各段和全程的里程，并根据行进的速度计算行进时间，然后将有关数据注记在地图上或工作手册上。如行进路上地貌起伏较大时，还应将图上量得的水平距离，按不同的坡度改正为实地距离，为了便于掌握行进速度和时间，必要时可将改正后的各段距离，根据预定行进速度换算为行进时间。

4. 熟记行进路线

熟记行进路线的方法，一般按行进的顺序，把每段的里程、行进时间、经过的居民地、两侧方位物和地貌特征，特别是道路的转弯处、岔路口和居民地进出口附近的方位物及地形特征等都要熟记在脑子里。力求做到"胸中有图，未到先知"。

二、徒步沿道路行进

徒步沿道路行进是军队机动的主要方式。在行进中,要想准确到达指定位置,必须做到"四明",即方向明、路线明、位置明、处置方法明。

1. 方向明

方向明就是在出发点上,必须先标定地图、对照地图,判定出发点位置,明确前进的道路和方向,然后计时出发。

2. 路线明

路线明就是在行进中,应根据记忆,边走边回忆,边走边对照,随时明确站立点的图上位置、要随时搞清已走过的路程、前方将要通过的方位物和将到达的位置等,力争做到"人在路上走,心在图中移"。

3. 位置明

位置明就是在行进中,特别是经过岔路口、道路转弯点、居民地进出口时,应及时对照现地地形,明确站立点的图上位置,以保持正确的行进方向。

4. 位置方法明

(1) 当发现地形变化与地图不一致时,应采用多种方法,仔细对照地貌,全面分析地形变化和关系位置,然后准确地判定站立点的位置和行进方向。

(2) 如发现走错了路,应立即对照地形,回忆走过的路程,判明从什么地方开始错的,偏离原定路线有多远,根据情况决定另选迂回路或返回原路,回到正确路线后,再继续前进。

三、越野行进

在道路稀少地区(沙漠、草原等)、或因任务需要,不能沿道路行进时,部队常采用越野行进。越野行进时,因为地面起伏不平,障碍多,容易偏离方向,所以多采用按地图与方位角相结合的方法行进。行进时,应注意下列几点:

(1) 行进路线应选择在方位物较多的地形上,特别是转折点及其附近应有明显的方位物,以利对照检查,保持正确的行进方向。

(2) 在起点和各转弯点上都要明确标定地图,明确行进方向和下一点方位物,或按预先测定的各段磁方位角,照准行进方向,找到下一点方位物,选择便于通行的地形前进;如不能直接看到下点方位物,应选择辅助方位物,这样逐段按方位物方向行进,直到终点。

(3) 行进中,要勤对照,多分析,随时判定站立点的图上位置,特别在复杂地形上行进尤为重要。如果发现走错了方向,应停止前进,查明原因,重新确定站立点的图上位置,尽量选择近道插到原方向上,必要时可原路返回,再按正确方向继续前进。

四、夜间行进

利用夜间行军、作战、出其不意地攻歼敌人,是我军的传统战法,也是我军训练的重点内容之一。为了保障部队夜间行动自如,必须学会夜间按地图行进的方法和要领。

(一) 夜间行进的特点与准备工作

夜间行进的特点是：视度不良、观察不便、地形重叠、远近难分、高低难辨，地图与现地对照困难，行进容易迷失方向。因此，夜间行进与白天行进比较有其特殊性。行进前，除一般准备外，还应注意下列事项：

1. 距离短、目标明

夜间行进路线转弯点间距离比白天可适当短些。方位物应选明显、高大、透空、发光的物体，如行进道路上的岔路口、桥梁或者临近路旁的高大突出的目标，透空可见的山顶、鞍部等，数量要多一些。需要时，还应按行进方向测出各转折点间的磁方位角，并标注于图上。

2. 路线熟、信号清

由于夜间灯火管制严，熟记沿路地形特征，方位物的特点和有关名称更重要。同时，夜间行进必要的照明器材（手电筒、白毛巾等）和联络信号，事前要做好准备与规定。

(二) 夜间行进要领与注意的问题

夜间一般采用按地图与方位角相结合的方法行进。

1. 出发前明确行进方向

出发前，在出发点要仔细标定地图，对照地形，确定出发点的图上位置，明确行进方向，计时出发。夜间保持正确的行进方向主要靠指北针，应尽量利用其夜光标志。

2. 行进中力求做到"三勤"

（1）勤看图：即经常查看地图，防止走错路线。夜间可用指北针或北极星标定地图，也可利用星月作方位物，但时间不能过久。

（2）勤对照：即行进中要随时将地图与现地对照。夜间对照时，因能见度差，一般高大明显的地形容易误认为近，矮小暗淡的地形容易误认为远，浅谷容易误认为深，缓坡容易误认为陡，所以应采取走近观察，由低处向高处观察，由暗处向明处观察等方法，多找点，勤对照，防止误判。

（3）勤观察：夜间可根据灯光、狗叫声、流水声等判断溪流和居民地的位置，及时确定站立点的位置和判定行进的方向。

3. 要严格按照预定路线行进

夜间行进不要贪走捷径，以防迷路；经过的地方要留心记特征，以便万一走错了路，可原路返回到发生错误的地方，查明原因后，再继续前进。注意掌握行进速度和时间，必要时，可根据行进的速度、时间判断到达的地点。有敌情顾虑时，要注意隐蔽、肃静、防止声响、发光。

4. 夜间行进疑难问题的处理

（1）相似地形。若行进到地形相似的地方，不易判断图上站立点时，可在几个相似的疑难点上，对同一方位物测定现地磁方位角，看哪一个磁方位角与图上量得的磁方位角相等，相等的就是站立点在图上的正确位置。

（2）上山下山。夜间翻山越岭，上山容易下山难。上山，因透空明亮，一般不易迷失方向；下山，是向暗处行进，而且大小山背、山谷分支越来越多，稍有不慎，就会迷失方向。所以夜间在山区行进，尤其下山时要特别小心，一定要仔细对照，或测定磁方位角判定，选准方向再下山。

（3）穿行居民地。夜间通过较大居民地时，由于居民地进出口地方交叉路多，或因房屋拆除与新建，以及制图时的取舍与综合等原因，使得图上表示的符号与实地相差较大，给夜间对照带来困难。所以，夜间行进应尽量避开穿行居民地，若必须穿过居民地时，在进出口处要仔细对照，认真分析，切勿弄错方向走错路。

☞ **复习思考题**

1. 判定方位的方法有几种？怎样用指北针判定方位？
2. 依明显地形点标定地图的方法步骤是什么？
3. 怎样确定站立点？如何用后方交会法确定站立点？
4. 现地对照地形应注意哪些问题？
5. 行进前应做哪些准备工作？
6. 越野行进时有哪些注意事项？

第五章 野外生存

野外生存是指人们在山野丛林中求生的基本技能，是户外活动的一种。在军事活动中，野外生存是现代军人特别是空降兵、海军陆战队、野战特种部队、深入敌后人员等必备的基本技能。随着生活水平的提高，人们的健康意识增强，越来越多的人参与户外活动，如野外露营、郊游、探险等，野外生存技能也是普通大众户外活动应该掌握的技能。

第一节 野外生存的准备

现代社会人们工作生活高度紧张，户外活动已成为人们放松心情，亲近自然的大众活动。作为一项有益身心健康并有利于培养集体主义精神的体育活动，无论是机关、企业、学校都有广泛的参与者。但是，野外生存具有一定的风险性，因此做好野外生存的准备工作十分重要。

制定野外生存活动方案，是指为了很好地应对和解决野外条件下可能遇到的各种情况，制定详尽周密的活动方案，是野外生存活动的重要第一步。方案包括计划、装备、训练等内容。

一、野外生存活动的策划

野外生存活动策划书主要包括以下内容：

（1）活动内容，主要介绍活动目的的大体情况，使参加活动人员做到心中有数，并为之做好各项准备。

（2）活动时间地点，包括：活动集合出发的时间及地点，各阶段时间区分，预计结束的时间及地点。活动计划应大概包括如下内容：乘坐车辆的起点、中转站、终点；中间停留地点的情况和活动；装备扎营和客栈住宿的方式，需要露营的宿营地点；最终目的地的活动项目内容和结束地点。

（3）活动中大体情况，主要介绍行走的道路情况，沿途经过和逗留的景点和风景，对参与人员的温馨提示等。

（4）经费预算，活动费用、行程总费用及人均费用估算，活动中需要大家共同承担费用的估计，费用的管理、使用、处理方式等。

（5）报名要求，活动计划参与总人数、参与人员年龄和性别限制、对个人户外经验的要求条件、联系方式等。

（6）活动要求，根据实际情况拟定，如：①身体健康，性格合群，遵守纪律；②集体活动、互相关照，友爱长存；③保护环境，不乱扔垃圾，不破坏生态环境；④领队有权根据突发情况临时更改计划。

(7) 活动专职分工人员的情况和联系方法,在出发前将互动发起人(也就是组织者、总负责人)、先锋、协调、收队等相关人员介绍给每一位队员认识,并提供通信联系方式给每一位活动参与人员。

二、野外生存活动装备

野外生存活动的装备是保障野外生存的必备物质基础。齐备精良的野外生存活动装备能使人们在活动中顺利安全地完成活动。野外生存装备主要有以下装备:

1. 背囊

背囊用于携带活动中的必需物品。容量的大小与野外生存的天数有直接关系,一般以能装下野外活动用品为宜,不应太大。

2. 绳索

野外生存活动,一是要体验野外生存活动,二是要走前人没有走过的道路。绳索就是极为重要的工具。一般登山绳索长 20 米左右即可。

3. 登山鞋

野外生存用鞋不同于运动鞋,最好是野战丛林战靴,橡胶底加防刺钢板,真皮鞋面,全面鞋腰,防滑透气,能很好地保护脚和踝骨。

4. 电筒及荧光棒

野外生存应当携带必要的照明工具。通常有电筒、发光棒等。电筒要求照射距离不小于 50 米,电池使用时间不少于 5 小时,电筒最好是防水的。发光 2 小时以上的荧光棒可以作为辅助光源在野外使用。

5. 指北针

指北针的种类有很多,参加野外生存活动建议使用专用指北针。如军用六五式指北针,具有指向、测距、量角、地图比例尺测距等多种功能。指北针与相应的地图配合使用,能发挥更大作用。出发前应充分掌握指北针的使用方法。

6. 野外生存求生哨

野外生存口哨,主要用来进行联络。在荒郊野外,遇险者如果采取喊"救命"的方式来引起救援人员的注意,不到 15 分钟就会喊得声嘶力竭,而一个小小的塑料哨子,只要还有一口气,就能吹响它,而且在探查出路,寻找水源时,事先约定好的哨间长短和不同组合,可作为野外近距离联络时最方便和最简洁的通信方法。

7. 求生小型组合工具

"瑞士冠军"万用工具刀,具有 42 项功能,被称为野外工作者的"百宝箱",建议配合原厂的皮革刀套一起使用,因其尺寸不大,完全可以挂在腰间,是野外生存活动理想的工具。多用途工兵锹,也是野外活动的必备重要工具。

8. 通信工具

现在手机在中国比较普遍,但作为野外探险活动,活动范围多在人烟稀少的地区,手机信号未必覆盖得到,同时频繁的野外通信联络使用手机也不经济,可配用小型对讲机,其具有重量轻、通话质量好的特点,是野外远足的首选。

9. 帐篷

在野外,帐篷的主要功能是防水、御寒、避免昆虫及小动物的滋扰,保证使用者能够得到良好的休息,对保持使用者的体力起到至关重要的作用,野外帐篷常见的有"人"字形、圆形等多种款式,使用者应按所要前往地区的季节和气候等情况选择合适的帐篷类型,并要在出发前学会怎样搭建。

10. 生火工具

在野外,生火的方法有很多种,比如把望远镜凸透镜卸下,在阳光明媚的郊外,可以用它轻易地点燃报纸,野外用的生火工具主要还是火柴或打火机,火柴分别为野外防风火柴和野外防水火柴,防风火机以其结构简单、性能可靠的特点深受行家们的喜爱。

11. 水壶

一个普通人,在断粮的情况下大约可以存活30天,而在同时断水的情况下最多只可以存活7天,足见水对于野外生存者的重要性,一个普通人每天至少要消耗2升饮用水,这也是野外活动准备饮用水的基本依据。野外水壶多为铝合金制品,容量为1.5升,水壶下端配有一个铝合金的饭盒,大小刚好可以煮一袋方便面,十分实用。目前市场上各类便携式水容器众多,可根据自身需要选用。

12. 望远镜

置身野外,观察野生动植物,寻找水源,判定行动方向等都少不了望远镜,而野外观察用望远镜倍数一般应为7~12倍,方便观察的同时能方便测距,在野外特别适用。

13. 备用食品

野外活动的食品,应根据个人口味和具体行程制订好食品携带计划,所携带的食品不但要能果腹,还要提供野外活动所必需的热量,如压缩干粮、饼干、方便食品等。

14. 常用医药用品

在野外,没有人能够预料发生什么事情。必要的备用药品务必随身携带。

(1) 绷带:不同的阔度及质料,以处理不同面积及种类的损伤。纱布滚动条绷带:适用于处理一般伤口,主要作固定敷料之用。

(2) 敷料及敷料包:敷料包由棉垫和各类滚动条绷带组成。用棉垫(即敷料)覆盖伤口,然后用附带的滚动条绷带加以固定。

(3) 消毒药水:在野外生存活动中,经常会发生小的伤口。较小的伤口,一般擦一些消毒药水就行,不必进行特别处置。常见的处理小伤口的消毒药水有以下几种:

龙胆紫(紫药水):加快伤口结痂,促进伤口愈合。

红汞(红药水):保护伤口并具有抗菌的作用。

酒精和碘酒:用在非黏膜伤口消毒,不可用于破损伤口的消毒。

双氧水:用于受污染的黏膜或破损伤口的基本消毒。

(4) 消毒胶布或创可贴:通常用来处理面积较小的伤口。贴上胶布前,必须确保伤口周围的皮肤干爽清洁,否则不能贴得牢固。胶布用来固定敷料、滚动绷带或三角绷带。

(5) 各种常用药品:如康泰克、感冒通、黄连素、牛黄解毒片、眼药水、万花油、止痛贴、清凉油、驱风油、蛇药等。

以上就是野外生存活动常用的一些装备,其他还有雨具、地图、手套、针线、帽子、杯子、牙刷牙膏、梳子镜子、毛巾、垃圾袋、笔记本、笔等用品,可视情况决定是否携带。带齐必要的装备,并不意味着你可以在野外为所欲为,在野外活动中,必须注意安全，防止意外，还必须爱护自然，尊重自然，保证野外活动顺利进行。

三、野外生存活动的训练

必要的体能和心理训练，是在野外生存活动的基础。尤其是心理训练，是决定你能否参加野外生存活动的关键。

没有强壮的体能，是不适合进行野外生存活动的。体能训练是一项长期的任务，必须持之以恒，长期坚持。参加活动前除进行必要的体能训练外，还必须有目的、有针对性地进行心理训练。

1. 忍耐疼痛

疼痛是一种肢体语言。疼痛本身是没有害的，它确实让你感到不舒服。如果人的思想集中在其他事情上，可能觉察不到疼痛，但是一旦人们被疼痛的感觉攫住，它很可能会彻底击垮你，削弱你求生的意志。当疼痛出现时，要分析原因，有些疼痛可以忍受，有些疼痛应该采取措施加以控制，必要时要对应治疗，严重时要中止活动，接受治疗。

2. 防寒防暑

酷热、寒冷会降低人的工作效率，使人的思维变得迟缓，不愿意做其他事情，它会减慢人的血液流动的速度，使人昏昏欲睡。寒冷引起的这些后果是很危险的。在寒冷削弱你的求生意志之前，必须采取措施，如活动、生火取暖等。酷热容易使人中暑，但是，人是可以逐渐习惯高温的，2~6天的时间就可以使人的血液循环、呼吸节奏、心脏律动以及汗腺分泌调整到适合酷热气候的状态。如果情况允许，不要在一天中气温最高的时候行动。

3. 忍受饥饿、干渴

饥饿会影响人的士气和求生意志。如果得不到改善，饥饿会导致虚弱、眩晕、休克、心跳减慢、怕冷、易渴。在很多地区都可以找到大量的可食用物品，有些东西原本可以不去吃的，但为了生存，必须要抛弃挑食、偏食的毛病，只要是能吃的东西都要吃。

求生中最重要的两个问题就是干渴和脱水。干渴，即使不是非常严重，也会让人变得反应迟钝。供给充足时要大量喝水，尤其是吃饭的时候。如果供水不足，就要减少食物的摄入，因为身体需要水来处理食物中的无用成分，如果食物摄入过多而供水不足的话会加速脱水的发生。

4. 克服疲劳、厌倦、战胜孤独

疲劳会降低人的反应能力和行动能力，使人对一切漠不关心，产生一种"我不在乎"的感觉。活动过度或劳神过度都会导致疲劳，心理因素也会导致疲劳，如无望、缺乏目标、不满、受挫、厌倦等心理。这个时候，克服疲劳的首选方法是休息，或者和朋友谈话交流等，分散注意力。重复和单调的活动是产生厌倦情绪的两大原因，厌倦会让人失去兴趣，感到紧张、焦虑和沮丧，灰心丧气。克服厌倦的方法是谨记活动目的，树立信心。孤身一人于艰难、危险的处境中也常常会引起孤独，会让人产生无助、绝望的情绪。要克服这些情绪，必须要有充分的心理准备，同时要学会自我调节，多欣赏大自然的景色，观察一些小型动物活动，从中找到乐趣，减少孤独感。

第二节　野外活动技能

食物的识别和获取、水源探寻是野外活动最基本的技能。必须确保食物和饮水安全。那么，如何辨别和获取食物、寻找水源呢？

一、食物的获取

野外食物众多，只要学会识别和获取食物的方法，人在野外是完全可能生存下去的。野外食物可分为植物类和动物类两大类。

1. 植物类食物

野外植物种类繁多，很难辨识哪些是可食用植物、哪些植物不能食用。一些植物营养丰富，可口味美、营养价值很高，含有多种维生素。而有些植物有毒性，食用后会致人中毒，严重的会致人死亡。在野外必须根据知识和经验来判断植物的可食用性。

一般的白色或黄色浆果类植物均有毒性，有一半的红色浆果类植物可以食用，而蓝色或黑色浆果类植物几乎均可食用。有些植物的茎部只结有一颗果实，一般这类植物可以食用。

我国地域广大，寒、温、热三带气候俱全，而大部分是属于温暖地带，适合于各种植物生长，其中能食用的就有 2000 种左右。在热带、亚热带，野生无花果、野生水果、棕榈、竹类可以食用；在温带，蒲公英、车前草、野果等可食用；在沙漠，仙人掌可以当做食物；在海岸，紫菜、一些藻类可以食用；在极地，北极柳、地衣等可以当做食物。

采食野生植物最重要的是如何鉴别有毒或无毒。有一个最简单的办法，将采集到的植物割开一个口子，放进一小撮盐，然后仔细观察这个口子是否改变原来的颜色，通常，变色的植物不能食用。

南北方的山野灌木丛中都生长有许多可食的野果。野果绝大多数是可食用的，也有一些不适合食用，采集时要尽量选择自己能够识别的种类。

在食用野生植物之前要认真检验。检验方法为看、闻、尝。感觉不对时应该放弃食用。如食用后感觉不舒服时，立即催吐，情况严重时要立即采取救护措施。

2. 动物类食物

野外活动体力消耗极大，只使用植物性食物是不够的，必须补充含有大量蛋白质和脂肪的肉类食品，以保证必要的体力。

野外动物种类众多，有大型动物、小型动物，如昆虫类、鸟类、哺乳动物类、水生动物类等，大部分动物可食用。动物寻找方法如下：

（1）掌握规律：多数哺乳动物在早晚活动，白天只有猛兽烈禽奔走，大型草食性动物整天觅食，小型动物活动频繁。

（2）动物踪迹：在清晨，要留心观察地面上的动物踪迹。如果露水或蜘蛛网被碰掉或破坏，说明动物离去的时间不长；有些动物（比如兔子）活动半径不大，如果发现足迹，表明它们就在附近；有些动物会在灌木丛中打开通道，通道大小表明它的体型大小。

（3）啃食信号：例如，兔类动物啃过的树皮，其边痕较为光滑；羊类啃食树皮，留下歪斜的牙痕；啮齿类动物啃咬痕迹多位于树茎底部；如果发现地面上有散落的树木屑，则树上可能有松鼠穴，但同时又发现有坚果或松子散落树下，表明可能有鸟类刚刚在此处活动；如果地面上有一堆空果壳，说明在其附近可能有啮齿类动物的地洞。

（4）排泄物：哺乳类动物的粪便有强烈遗臭；植食类动物（牛、鹿、兔）粪便略呈圆形，如马粪状，鸟类粪便一般体积较小，肉食类动物（獾、狐狸）粪便为长条形，会有未完全消化的小动物残渣。松散的鸟粪表明在一定范围有水源；地面上鸟粪富集，表明周围会有鸟巢。

动物食用方法有多种多样，基本原则：去皮毛，丢弃内脏，最好食用新鲜肉，食用方法多采用烧、烤、煮的方法。一般情况下，要煮熟煮透。在特殊情况下，为了生存下去，有些动物也可以生吃。

二、寻找水源

水是生命之源。在户外野外生存活动中，获取水是比获取食物更为重要的第一要务。在野外凭借人的感觉器官以及一定的经验可以寻找水源。

听：凭借灵敏的听觉器官，多注意山脚、山涧、断崖、盆地、谷底等是否有山溪或瀑布的流水声，有无蛙声和水鸟的叫声等。如果能听到这些声音，说明水源就在附近，如水源是流动的活水，可以直接饮用。

嗅：人的鼻可以嗅到潮湿气味、泥土腥味及水草的味道。可以沿着气味的方向寻找水源。当然这要有一定经验积累。

看：凭着丰富的经验和知识，去观察动物、植物、气象、气候及地理环境的状况，也可以找到水源。

寻找水源应遵循以下原则：

1. 根据地形地势寻找水源

如山脚下往往会有地下水，低洼处、雨水集中处，以及水库的下游等地下水位较高，往下挖掘几米左右就能有水。但泥浆较多，需净化处理后，方可饮用。

2. 根据气候及地面干湿情况寻找水源

如在炎热的夏季地面总是非常潮湿，在相同的气候条件下，地面久晒而不干不热的地方有地下水；在秋季地表有水汽上升，凌晨常出现薄雾，晚上露水较重，且地面潮湿，说明有地下水，水量充足，水位较高；在寒冷的冬季，地表面的隙缝处有白霜时，地下水位也比较高；春季解冻早的地方和冬季封冻晚的地方以及降雪后融化快的地方有地下水。

3. 根据植物生长情况寻找水源

植物生长较好的地方，说明地下水源丰富。有些植物下面地下水位比较高，且水质也好；有些植物下面也有地下水，但水质不好，有苦味或涩味，或带铁锈味；初春时，独有一处树枝已发芽，此处有地下水；入秋时，而独有一处树叶不黄，此处有地下水；还有些植物如三角叶杨、梧桐、柳树、盐香柏，只长在有水的地方，在它们下面定能挖出地下水来。

4. 根据动物、昆虫的活动情况寻找水源

夏天，蚊虫聚集且飞成圆柱形状的地方一定有水；有青蛙、大蚂蚁、蜗牛居住的地方也有水；另外，燕子飞过的路线和衔泥筑巢的地方，都是有水源或地下水位较高的地方。

5. 根据天气情况寻找水源

天空出现彩虹的地方，肯定有雨水；在乌黑、带有雷电的积雨云下面，定有雨水或冰雹；在总有浓雾的山谷里定有水源；在野外宿营时，收集露水也可获得少量水，可以缓解一些燃眉之急。

上述取水方法在野外缺水时是有效的。然而，单纯依靠上述方法寻找水源却不是长久之计，且很复杂很辛苦，不适合人员众多或时间过长的大型户外活动。就安全而言，最好不要远离已知水源，也不要单枪匹马独闯丛林。

一般说来，除泉水和井水（地下深水井）可直接饮用外，不管是河水、湖水、溪水、雪水、雨水、露水，还是通过渗透、过滤、沉淀而得到的水，最好都应进行消毒处理后再饮用。那么，怎样进行消毒呢？方法如下：

用净水药片：将净水药片放入水容器中，搅拌摇晃，静置几分钟，即可饮用。

用医用碘酒对水进行消毒：在已净化过的水中，每一升水滴入 3~4 滴碘酒，搅拌摇晃后，静置 20~30 分钟后，即可饮用或备用。

用亚氯酸盐，即漂白剂消毒：每升水滴入漂白剂三四滴，水质浑浊则加倍，摇晃匀后，静置 30 分钟，即可饮用或备用。只是水中有些漂白剂的味儿，注意不要把沉淀的浊物一同喝下去。

如果以上的消毒药物均没有，正巧随身携带有野炊时用的食醋（白醋也行），也可以对水进行消毒。在净化过的水中倒入一些醋汁，搅匀后，静置 30 分钟后便可饮用。只是水中有些醋的酸味。

如果可能，把水煮沸 5 分钟，也是对水进行消毒的很好的方法。

目前，有一种饮水净化吸管，在野外非常实用，它形如一支粗钢笔，经它净化的水无菌、无毒、无味、无任何杂质，不需经过沸煮即可饮用，很轻便，是一种很好的净化水源的方法。

另外要提醒注意的是，在水源紧缺的情况下，要合理安排饮用水，不要为一时口渴而狂饮。在野外活动中，喝水也要讲究科学性。如果一次喝个够，身体会将吸收后多余的水分排泄掉，这样就会白白浪费很多水。喝水时，一次只喝一两口，然后含在口中慢慢咽下，过一会儿感觉到口渴时再喝一口，慢慢地咽下，这样重复饮水，既可使身体将喝下的水充分吸收，又可解决口舌咽喉的干燥。一标准水壶（9~11 升）的水量，运用正确的饮水方法，可保证一个单兵在运动中坚持 6~8 小时，甚至更久。

第三节　野外运动中常见问题的处置

户外活动不确定因素很多，突发事件时有发生，在野外不管遇到哪种情况，关键要冷静、沉着，正确应对，切勿惊慌失措。

一、在水系区域注意事项

在野外运动中，会经常遇到水库、池塘、河流、沟渠等水域，南方地区尤甚。在前进道路上遇有水域，切不可轻易涉水，即使是捷径、水性再好也不能涉水，这是保证野外运动安全的基本原则。因为野外水情复杂多变。此外，人们在野外活动时往往会全身发热、血管膨胀，如果这时突然进入水中，因为水温低于人的体温，则会导致人的血管收缩，肌肉极易抽搐，常会出现意外。另外，长有水生植物（如芦苇、荷叶）的地方也不要进入，这些地方往往是沼泽地，容易下陷，十分危险。即便是在天气晴朗的日子里，看到湿地也不要进入，以防陷入泥沼之中。

意外落水时，应尽自己最大的努力，游向最近的岸边，一般土质或石质的堤坝、高地为实岸，而长着高大的水草、芦苇等水生植物的地方不是实岸。如果接近这些水生植物，容易被缠住而陷入更大的险境。另外，长着芦苇的地方是血吸虫的寄生物——虹螺的孳生地，接近芦苇会有被血吸虫侵入的危险。因此，这些水生植物千万不要靠近。如果不会游泳，则立即呼救，以引起别人注意和救援。如果是别人落水，应首先采用间接救护法，即高声呼救，引起更多人的注意和帮助，同时就近寻找绳子、木杆等漂浮物，扔给落水者，将他拽回岸边。如果一时找不到木杆等漂浮物，也没有其他救援者，发现者水性较好，落水者不会水性，则可采取直接救护法，即发现者直接下水，从落水者身后接近他，一手抓住落水者的衣物，另一只手划动，游向岸边。抢救落水者时要特别注意防止被落水者抱住或抓住自己，一旦出现这种情况，救人者往往难以解脱（因为落水者抱得特别紧），从而造成双双溺水的悲剧。

二、常见意外受伤的处置

野外活动中受伤（跌伤、扭伤、撞伤、划伤、刺伤等）是时有发生的事情，在野外受伤后，应根据伤情不同、轻重，灵活处置。如果伤情较轻，功能没有障碍，稍作休息，可以继续完成活动，但是速度应该放慢一些。如果跌伤、扭伤较重，功能有障碍，可先行休息，如果有剧痛，则可能是骨折，也可能是韧带受伤，应立即停止活动并呼救。如果出现伤口，伤口又不大，出血也不多，可再挤出一点血，让血清洗伤口，而不能用水洗，然后用创可贴盖住伤口或用手帕包扎，以防细菌侵入。如果伤口较大，流血较多，应立即包扎止血，并呼救，呼救时应充分利用随身通信工具，其他队员听到呼救声，应循声找到受伤的同伴，给予帮助或采取措施。活动参与者与组织者对这些意外情况必须做好各种预案，确保人员生命安全。

三、对雷电的防御

夏天雷阵雨、雷暴雨较多，且天气往往变幻莫测，说变就变。在夏天进行野外运动时要注意对雷电的防御，其要领是：一不上最高点；二不靠近最高物体。出现乌云闪电时，别让自己成为最高点。应观察身边周围地形，离开山顶、丘顶等地势高的地方，转向地势低的地方；更不能在空旷地的独立树、旗杆、塔状建筑物等地物附近停留；要迅速离开高压输电线地带。当雷阵雨降临时，若有地方避雨（居民屋、农舍、空屋、草棚等），则可先进屋，等雨停了之后再走（雷阵雨来得快，去得也快）。若没地方避雨，又没有雨衣时，应将身上的手机关闭，金属物要用塑料袋包好，沿着较低的地势走，速度应慢一些，并远离水塘等地域。

四、遇到动物的处置方法

在野外，经常会碰到各种动物，当遇到动物时，原则上要远离动物，切不可挑衅动物，一般来说，动物很少主动攻击人类，当动物感到自己受到威胁时，才会攻击人类。不同动物有不同的习性,要根据动物不同的习性正确处置。

1. 狗

现在不论是在城市还是农村,狗已经相当普遍。一般农家养的狗不会真正攻击人,即使它叫得很凶,也不会攻击。一般情况是,叫的狗不咬人,咬人的狗不会叫。遇到吠的狗,不必惊慌,照常走路,但不可跑,人一旦跑反而会引起狗的攻击。

如果遇到看护鱼塘、养殖场、瓜地的狼狗或退役军犬、警犬就要特别小心,这种狗一般身材高大、健壮、尾粗、吠声粗,通常被拴在主人为它搭建的专门的狗屋前,离主人住房有一定距离。当然,也有主人不拴的狼狗,不拴的狼狗与主人在一起,主人会随时管教它,相对而言不具攻击性。值得提醒的是,这类狗的吠声停止时有低沉"哼哼"声,这是它感觉自己受到威胁时发出的声音,这时千万不能惹它、逗它;应立即离开,以防受到突然攻击。总之,在经过这些地方时,能避开则避开;不能避开,则要慢行、谨慎而又镇定地通过,千万不能跑,奔跑的人更容易激起狼狗、军(警)犬的攻击意识。

2. 牛

遇到牛不要害怕,牛一般不伤人。但如果身着红色衣服或携带有红色东西时,牛容易被激怒,会向人攻击。此时遇到牛,应提前绕道走,如果是必经之路,可先将红色东西藏起来,红衣服须在牛看不到的地方脱下并包好,然后慢行通过牛的身边。绝不能用树枝逗牛玩。另外,大小牛在一起时,要绕道从大牛一侧慢行通过,不能靠近小牛,否则会遭到大牛的攻击。

3. 蛇

夏天在野外遇到蛇是南方地区常有的事,但是江南地区大多数蛇是无毒蛇,毒蛇种类少,且攻击性不强。如果按照野外运动着装要求着装,则会提高防御能力,一般不会被蛇咬伤。见到蛇,一般不要攻击它,它自己会游走;如果蛇有攻击人的迹象且挡着人前进的道路,可用树枝、竹枝(带叉的更好)将它拨开,蛇就会游走。也可以通过打草惊蛇的方法把蛇吓跑。出发前或在行进途中找一根树枝或竹枝抽打前面的树枝、草丛,发出声响。蛇听到响声后,就会很快逃走。抽打树枝、草丛的方法也可用于赶走其他小型爬行动物。蛇毒分为神经毒和血液毒两种,被蛇咬伤后应放低被咬的肢体,在伤口靠近心脏的一端用领带、绳索等紧紧扎起来。无口内舌、龈溃破或唇裂伤口者,可以口对伤口猛吸10来次,每吸一口血马上吐掉,最后还需漱口。在处理伤口的同时要及时服用和在伤口部位外敷蛇药。被毒蛇咬伤是危险的,被无毒蛇咬伤也必须及时处理。

4. 狼

狼是很危险的动物。一匹狼并不危险,但是,狼大多是群体活动。如果在行进中发现只有一匹狼,千万不要轻视它,特别是当它远远跟随的时候(狼很少独自发起攻击),当它认为不能独立获取猎物时,会通知其所在群体,并远随猎物之后,在路途中留下记号,吸引更多的狼加入,时机适当即会发起攻击。当发现有狼跟随时,尽快回到公路或安全营地。狼怕火,可以利用这一点脱险。千万不要认为把那匹跟随的狼消灭即可脱险;相反,这样只会引发狼群的仇恨,当狼群想复仇或想救援被捕捉的狼时,会召集其他狼群(直到它们认为有绝对实力获胜为止)一起进攻,这时,火也无法让其退缩。在野外,一旦遇见兽类,应迅速强迫自己冷静下来,正视它的眼睛,让它看不出你下一步的行动。要保持警惕,但不要主动发动攻击,不要背对对方,应该面对对方,并慢慢向后退。同时,不能让它看出你想逃跑（自然界中某些动物后退的时候表示它准备发起攻击，兽类都知道这一点）。如果它跟进则应立即停止后退。注意，后退时一定要以匀速慢慢走，即使对方没有跟进也不要快跑，因为它可以轻易追上你，你快跑等于表明自己是被猎者。尽可能不要上树（除非它没有发现你，或者你确信后援小组能及时赶来），上树等于自断退路，兽类善于等待。如果它不认为你是食物，并且发觉你不会对它造成伤害，观察一下之后，它可能就会离开。

五、防野生昆虫叮咬

一般蚊虫叮咬，除瘙痒外，不会有危险。但蚊虫叮咬后有可能会传染疾病，为了防止蚊虫的叮咬，在野外活动的人员应穿长袖衣和长裤，扎紧袖口、领口，皮肤暴露部位涂搽防蚊药。不要在潮湿的树荫和草地上坐卧。"不怕蚊虫闹得欢，野艾野蒿一缕烟。"宿营时，烧点艾叶、青蒿、柏树叶、野菊花等驱赶。防蚊叮咬的方法有很多，不要在河边、湖边或溪边扎营。在夏天，近水的帐篷最容易招引蚊子。全身抹上或喷上防蚊油，并喷一些在衣服、被褥上。身上的药剂容易被汗水冲掉，但是布料上的则可维持较久。

1. 蚂蟥

蚂蟥分旱地蚂蟥和水蚂蟥等多种。旱地蚂蟥一般生长在潮湿、低海拔（3000米以下）的地方，多活动在道路边的草丛上。人经过时会惊动它们，第一个人往往无事，后面的人一不注意就会被它的吸盘"粘"住，并很快爬到皮肤上。

防蚂蟥的办法主要是防范，即将裤脚扎紧，撒上风油精，在腿上、手上涂一些万金油等刺激性的药物。如果在蚂蟥多的地方，还要不时察看（挽开裤袖）。或者干脆挽起袖子（手和裤），让皮肤暴露出来，便于观察。一旦发现有蚂蟥叮上，可大胆地用手将其扯下来（用指甲掐或烟火烫），再用手将它捏在手中搓弄，直至干死。

2. 野蜂

野蜂感觉到危险时，会用毒针来蜇刺攻击，当人受蜇刺后，会感到剧烈疼痛，有些人还会觉得头晕或恶心。经常蜇人的蜂有拖足蜂、蜜蜂、胡蜂，其中胡蜂毒性很大，严重时会把人蜇死。被蜇过的人，往往会诱发严重的过敏反应。被蜜蜂、马蜂或黄蜂蜇伤会有危险，会出现全身症状，如头晕、恶心、发热等，对蜂毒过敏者可发生休克，甚至危及生命。

被蜂蜇伤后，其毒针会留在皮肤内，必须用消毒针将叮在肉内的断刺剔出，然后用力掐住被蜇伤的部分，用嘴反复吸吮，以吸出毒素。如果身边暂时没有药物，则可用肥皂水充分洗患处，然后再涂些食醋或柠檬。万一发生休克，在通知急救中心或去医院的途中，要注意保持呼吸畅通，并进行人工呼吸、心脏按压等急救处理。

被毒蜂蜇伤后，往患处涂氨水基本无效，在毒虫中，唯有黄蜂与众不同，其毒素为碱性，因为蜂毒的组胺用氨水是中和不了的，因此在拔出毒刺后，用碘酒、酒精消毒伤口，可以服用抗过敏药。

3. 蜈蚣

蜈蚣属于多足纲，第一对脚呈钩状，锐利，钩端有毒腺口，一般称为腭牙、牙爪或毒肢等，能排出毒汁，被蜈蚣咬伤后，其毒腺分泌出大量毒液，顺腭牙的毒腺口注入被咬者皮下而致其中毒。

被小蜈蚣咬伤，仅会在局部发生红肿、疼痛，被热带大型蜈蚣咬伤，可致淋巴管炎和组织坏死，有时整个肢体出现紫癜。有的可见头痛、发热、眩晕、恶心、呕吐，甚至谵语、抽搐、昏迷等全身症状。

蜈蚣咬伤后应立即用肥皂水清洗伤口，局部应用冷湿敷伤口，亦可用鱼腥草、蒲公英捣烂外敷。有全身症状者要速到医院治疗。

4. 蝎子

蝎子蜇刺人时，由毒腺分泌毒液进入人体，迅速引起一系列中毒反应。蝎子的毒呈酸性，可以用碱性肥皂水（别用香皂）、苏打水、3%氨水涂在伤口处，如果有蛇药，用温开水化开抹在伤口上，没药也可用泡开的冷茶叶（碱性）敷上。在伤肢上端2~3厘米处，用布带扎紧，每15分钟放松1~2分钟，伤口周围可用冰敷，切开伤处皮肤，用抽吸器或拔火罐等吸出毒液，并选用高锰酸钾液、石灰水冲洗伤口。症状较重者应到医院治疗，越早越好。

第四节 户外运动常用急救方法

急救技术是野外出现意外伤病情如流血、骨折等采取的应急措施。当出现意外时，应该立即采取紧急抢救措施，防止更严重的意外发生。紧急抢救措施主要有止血、包扎、固定、心肺复苏和搬运等技术。野外活动的参与者，必须学习掌握必要的户外急救知识和方法。

一、止血

人体受了外伤后就会出血，失血超过了人体总血量的20%以上时，人会出现头晕、脉搏加快、血压降低、出冷汗、脸色苍白等症状。因此，止血是急救中一项十分重要的措施。止血是指压迫出血动脉血管，减弱或阻断心脏向伤口部位的供血，避免血液流失。出血可分为内出血和外出血，若运动员没有外伤却出现面色苍白、出冷汗、四肢厥冷、脉搏快弱，以及胸腹部有肿块疼痛等，这是内脏出血，应立即送医院救治。外出血分为三种，即动脉出血、静脉出血和毛细血管出血。

动脉出血：因外伤所致动脉破裂时，血液呈鲜红色喷射状流出，失血量多，危害性大，必须立即止血。静动脉出血：因外伤所致静动脉破裂时，血液呈暗鲜红色涌喷射状流出，如不及时止血，时间长，出血量大，危害性也大，故应及时止血。毛细血管出血：血液从创面向外渗出，颜色从鲜红变为暗红为害较小。

外伤血的止血方法如下：

（1）指压止血法。用手指将出血动脉向心端用力压向骨头方向，达到止血的目的。指压止血法适用于头部、颈部和四肢的浅表动脉出血。

（2）曲肢加垫止血法。当前臂或小腿出血时，可在肘窝、腘窝内放纱布卷、毛巾等，弯曲关节，用绷带或三角巾等作"8"字形紧紧缠住，但若有骨折或关节损伤则不能用此法，以免造成骨折错位和剧烈疼痛。

（3）止血带止血法。常用的止血带是长约一米的橡胶管。在出血处的近心端选择适宜部位（如上臂的上1/3，大腿的中下1/3处），用布垫、纱布、毛巾等作衬垫，再用止血带扎紧。方法：左手掌心向上放在伤肢上，虎口夹住止血带一段，向内侧留出5寸，右手将止血带拉长，从伤肢外侧向下内绕肢体两圈，左手中、食指夹住止血带末端，顺肢体拉下，右手将头端插入末端并牵出，再拉紧末端，使之成为活结。

二、包扎

伤口包扎在急救中应用最广，具有止血、减痛、保护伤口免受污染，以及扶托伤肢和固定骨折等作用。为确保包扎的效果，包扎的要求是：伤口封闭要严密，防止污染，松紧适宜，固定牢靠。其动作要领是：快——动作要快；准——敷料盖准后不要移动；轻——动作要轻，不要碰撞伤口；牢——包扎要牢靠，打结时避开伤口。常用的包扎材料有制式三角巾急救包和绷带，在没有制式包扎材料的情况下，干净的毛巾、手帕、头巾均可作为临时包扎材料。

1. 用三角巾包扎

三角巾的用法：先撕开三角巾急救包胶合边一侧的剪口，取出三角巾，将敷料盖在伤口上包扎。适用于头、下颌、眼、膝、肘、小腿及手部较小伤口的包扎，压迫止血较好，亦可作为悬吊带。展开式三角巾包扎法，适用于躯干、头面及肢体等部位伤口。

2. 用绷带包扎

绷带是常用的包扎材料。缠绷带时，左手拿绷带的一段并将其展平，右手握绷带卷。如包扎肢体，应由远端向近端包扎，用力要均匀，不可一圈松一圈紧。第二圈应压住第一圈的1/3~1/2。包扎完毕，应再在同一平面环绕2~3圈，然后将绷带末端剪开或撕开成两股，交叉环绕肢体一圈打结，亦可将绷带末端用胶布固定。

三、骨折固定

户外野外生存活动，骨头受到外力打击，发生完全或不完全断裂时，称为骨折。骨折固定可以减轻疼痛，避免骨折端移动导致血管神经损伤，减少出血，防止感染。

1. 骨折固定的一般原则

先止血、包扎，再就地固定。固定必须牢固可靠，夹板长度应超过骨折部的上下两个关节。除固定骨折上下两端外，必须把上下两个关节固定住，并应将伤肢固定在功能位置。固定松紧要适度。固定四肢时，要露出指（趾）尖，以便观察血运和感觉，如发现指（趾）苍白、麻木、疼痛、肿胀和发绀，则应及时松懈，重新固定。

2. 骨折固定方法

前臂骨折固定法：在骨折位外侧置夹板，然后固定骨折上下两端及腕部关节，再用三角巾将前臂悬吊胸前。如无夹板或其他硬质材料，可取两块三角巾，让伤臂屈肘90°，用第一块三角巾将上臂悬吊在胸前，于颈后打结，用第二块三角巾将伤肢固定于胸前。

上臂骨折固定法：在上臂外侧置夹板，以绷带固定上下端，用三角巾将上臂悬吊在胸前，再用绷带或三角巾将伤肢固定在胸廓。如无夹板或其他硬质材料，方法同前臂骨折三角巾固定法。

小腿骨折固定法：将相同长度夹板两块，分别放置伤肢内外两侧，加垫，用三角巾于骨折的上下端、大腿的中部、膝下及足部打结固定。

股骨骨折固定法：用夹板或扁担、竹竿等置于大腿外侧（自腋下至踝部），关节及空隙部位加棉垫,再用三角巾或绷带、腰带、毛巾、衣服等分别在骨折上下两端、腋下、腰部及膝、踝关节处固定。

四、搬运伤员的方法

在野外,如出现伤员,伤员得到初步的救护后,须迅速安全地送到医院进行进一步治疗,这就是搬运。搬运中为避免再次受伤,有一定的技术要求。

1. 搬运伤员的要求

搬运前应尽可能做好伤员的初步急救处理,如止血、包扎、骨折固定等。根据伤情、地形、受伤地区等情况,灵活选择不同的搬运工具和方法,搬运动作要轻快,避免震动(尤其骨折伤员),争取短时间内将伤员送到医院。

2. 搬运伤员的方法

扶持法:搬运者以伤员健肢侧靠着自己,将其健上肢搭在自己肩上,左手或右手在胸前拉着伤员同侧手,另一只手扶在伤员腰部行走。

椅托式:两名搬运者面对面站着,互相拉着手(一名搬运者的左手拉着另一名搬运者的右手),各用另一只手做成一个靠背。伤员坐在搬运者用手做成的座位上,并以两手扶着搬运者的肩膀。也可以三手结成环扣,做成座位,搬运者闲着的另一只手搭在另一搬运者的肩上,做成伤员的靠背。

轿扛式:两名搬运者用四手结成扣环,做成伤员的座位,伤员两手扶着搬运者的肩膀。

担架搬运法:往担架放伤员时,要把担架打开放在伤员的伤侧,搬运员走到伤员健侧,一名搬运者一手捧着伤员的头和肩,一手托住伤员的腰,另一搬运者在同侧一手托住伤员的臀部,一手托着伤员的小腿,两人同时将腰带、胯部、大腿、膝部的裤子中央线,2~3人协力将伤员放到担架上并固定,此方法尤其适用于股骨骨折的伤员。

抬担架行进时,走步要交叉,即先出左脚后出右脚。上坡(车)时伤员头部应在前,下坡(车)时头部应在后。冬季注意保暖,夏季注意防暑,经常观察伤员情况。

五、心肺复苏的方法

心跳呼吸停止和意识丧失是最危急的情况。心跳呼吸突然停止,循环呼吸就终止。脑细胞对缺氧十分敏感,一般在循环停止后4~6分钟会引起严重的脑损伤,以至于不能恢复。心脏停止10分钟后,脑组织基本死亡。因此,为使伤病员得救,避免脑死亡,就必须在心脏停止4~5分钟内进行心肺复苏。

心肺复苏是现场急救伤员的基本技能之一。心肺复苏是一个连贯、系统的急救过程,应紧密配合不间断地进行。现场心肺复苏包括三个方面,即意识和呼吸畅通的判断、人工呼吸、人工循环。

1. 判断意识和呼吸畅通

轻轻拍打、摇晃伤员,或呼唤伤员,如无反应,立即掐人中穴、合谷穴约5秒钟,呼救并呼唤救护单位。将病人摆放成仰卧体位,解开衣领、衣扣、胸罩,松开腰带,适当抬高伤员头部(防止舌后坠造成的上呼吸道梗阻情况,如有舌后坠,先将舌拉出固定),保持气道畅通,口内若有异物、秽物,立即清除。确定有无自主呼吸时,耳贴近病人鼻侧查看病人胸部和上腹部有无起伏,同时听病人口鼻有无呼吸声,也可以用手背放在病人鼻孔处感觉有无热气呼出。如有自主呼吸,继续保持气道通畅;如无自主呼吸,应立即施行人工呼吸。

检查有无脉动。四指并拢贴于胸锁乳突肌中点前缘,检查颈动脉是否搏动,如无,立即施行人工循环。检查时应在5~10秒内完成,手要轻,不能重压。

2. 进行人工呼吸

人工呼吸是在伤员无自主呼吸的情况下常用的方法,主要有口对口人工呼吸、仰卧压胸法、单双人心肺恢复法等。具体做法如下:

(1) 口对口人工呼吸法:抢救开始,抢救者首先对伤员口中猛吹两口气,使伤员萎缩的肺膨胀开来,再掰开病人的口,盖上2~3层纱布,一手拇指和食指捏闭病人的鼻孔(捏紧鼻翼下端),另一只手轻按病人环状软骨以压迫食管,防止气流入胃;深吸一口气,迅速以自己的嘴贴紧病人的嘴(把病人的嘴完全包住),用力将气吹入(吹气要快而深),一次吹气完毕后,应立即与病人口部脱离,抬起头吸入新鲜空气,以便做下一次人工呼吸,同时将捏住鼻孔的手放开,以便病人肺内气体排出;观察病人胸部向下恢复,有无气流从病人口中排出。如此反复有节律地进行,每分钟16~20次。如果患者牙关紧闭无法吹气时,也可对着鼻孔吹气。

(2) 仰卧压胸法:救护者跨伤员髋部两侧跪下或跪于伤员一侧,两臂伸直,双手平放在患者胸脯下部,借身体重力向下向前用力推压患者的胸部,持续2秒钟,使胸部缩小,排出肺内气体;排气后,抢救者双手松开,上身挺起,暂停片刻,待伤员胸廓自行扩张,空气进入肺内,如此反复操作,每分钟15次左右。

注意,此种方法对溺水者及胸部创伤、肋骨骨折者不宜采用。

(3) 单双人心肺复苏法:单人心肺复苏法,就是同一抢救者顺次完成口对口人工呼吸、胸外按压术(胸部按压数/人工呼吸的比例是15:2,即胸部按压7到8次做1次人工呼吸)的救护方法;双人心肺复苏法,由两位抢救者分别进行人工呼吸和胸外按压术,两位抢救者在同侧或两侧工作均可。胸部按压数与人工呼吸的比例同上,两人的工作要协调好,并检查病人自主呼吸和脉搏情况。

户外野外生存活动中,随时都有可能出现意想不到的情况,野外活动的组织者应该有必要的准备,最好的方法是有医务工作者随同活动,如无医务工作者随行,则要对所有参加活动的人员进行必要的培训,使所有参加活动的人员懂得必要的急救常识,以保障活动安全顺利地进行。

☞复习思考题

1. 野外生存策划包括哪些内容?
2. 野外生存装备有哪些?
3. 怎样进行野外生存训练?
4. 野外寻找水源的原则是什么?
5. 野外生存活动中经常会遇到哪些情况?
6. 户外活动中主要的急救方法有哪些?

下篇　定向运动

第六章　定向越野运动概述及意义

第一节　定向越野运动概述

一、定向运动

定向运动（Orienteering）是运动员在规定的地域范围内，借助指定的器材，按规定的顺序独立地寻找若干个地面检查点，用最短的时间完成全赛程的运动。它包括定向越野、无线电定向越野等。

二、定向越野运动

定向越野（Cross-Country Orienteering）是定向运动的主要比赛项目之一。运动员借助标绘有若干个比赛规定检查点和方向线的地图和指北针，独立选择行进路线，依次寻找各个地面检查点，用最短的时间完成全赛程的运动。

三、定向越野运动的分类

定向越野按运动方式可分为两大类，即徒步定向越野和代步定向越野。

1. 徒步定向越野

按竞赛时间可分为白天定向、夜间定向、多日定向；按组织形式和记分方式可分为个人定向、团体定向、接力定向、积分定向；按比赛场地可分为公园定向、校园定向、城市定向、山地定向、森林定向、水上定向。

2. 代步定向越野

代步定向越野有滑雪定向、山地自行车定向、残疾人轮椅定向、划船定向、摩托车定向、骑马定向等。

3. 国际定向越野运动比赛类型

国际定向越野运动比赛类型包括定向越野（Cross-Country Orienteering）、接力定向（Relay Orienteering）、滑雪定向（Ski Orienteering）、夜间定向（Night Orienteering）、记分定向（Score Orienteering）、五日定向（O-Ring 5-days）、其他（Other Varieties of Orienteering）。

四、定向运动的历史

定向运动起源于北欧的瑞典，"定向"一词在1886年首次使用，意义是在地图和指南针的帮助下，穿越人迹罕至的地带。第一届正式定向比赛于1895年在瑞典和挪威联合王国的军营中举行，这标志着定向运动作为一个体育项目诞生了。

20世纪初定向运动在北欧得到迅速发展,并很快普及到世界各地。1932年举行了第一次世界定向锦标赛,1961年国际定向联合会(IOF)在丹麦首都哥本哈根成立。现在国际定向联合会已有60多个成员国,国际定联是世界定向运动的行政实体,同时也是国际体育联合会的成员之一。定向运动还是国际承认的奥林匹克运动,期望不久的将来定向运动能够成为奥运会正式比赛项目。

五、定向运动重大国际赛事

世界定向锦标赛(WOC)是世界上最具竞争力的定向赛事。

世界青少年定向锦标赛(WJOC):参赛选手主要是17~20岁的青少年,每年6月在欧洲举行。

世界大师定向锦标赛(WMOC):所有35岁以上选手可以参加,每年在世界各地不同国家举行一次。

世界公园定向锦标赛(PWT):一个全新的极富吸引力的定向概念正在传遍全球,世界各国最优秀的运动员通过资格赛入选50名。设总奖金和排名。

六、中国的定向运动

在我国开展定向运动最早的是香港地区。1979年3月香港成立了"香港野外定向会";1982年成立了"香港野外定向总会",该会规定每年12月都要举行"香港野外定向锦标大赛"。

1983年定向运动传到我国内地。1983年3月,中国人民解放军体育学院在广州白云山组织了"定向越野试验比赛"。7月,北京市测绘学会利用青少年夏令营机会在密云举行了一次有100多名中小学生参赛的定向越野比赛。至此,全国很多地区都组织了类似的比赛。1986年元旦,中国人民解放军长沙地区军队院校协作区在广州组织了"首届定向越野比赛";同年元月7日,深圳体委与香港野外定向会在深圳夏岗地区举行了"深圳国际野外定向86友谊赛",有亚、欧、拉、美、大洋洲等近20个国家和地区派代表队参加。1995年首届高校国防体育节在吉林举行,参加体育节定向越野比赛的高校达60多所,有400多名运动员参加了比赛。定向越野运动在全国高校中广泛开展,全国高校两年一届的"国防体育节"中,定向越野已成为主要比赛项目之一。

第二节 定向越野运动的意义

一、定向越野运动的群众性

定向越野是一项极富群众性的新型体育运动,具有参加人员广泛的特点,由于定向越野比赛可根据不同性别、年龄编组,赛程可远可近,场地可难可易,比赛依体力与智力结合决胜,因此它是一项社会性体育项目,不同年龄、性别、种族、文化背景和身份地位的人均可参加。

二、定向越野运动的趣味性

定向越野具有浓厚的趣味性、娱乐性。比赛时，运动员要根据组织者在图上标明的运动方向，进行地图与实地对照、选择运动路线、寻找各检查点，比单纯的赛跑更能提高兴趣。比赛在野外进行又使其富有旅游色彩，参加者可从中得到无限乐趣，是一项回归自然、享受自然的学生体育项目和家庭体育项目。

三、定向越野运动的竞争性

定向越野运动具有激烈的竞争性。定向越野比赛不仅是体力的竞争，也是智力和技巧的竞争。奔跑的速度靠体力，奔跑方向、路线选择的正确与否，要靠识图和用图能力，靠的是智力。因此，它是一项体能与智力结合的运动，参与者会在身心和智力方面都得到锻炼。

四、定向越野运动具有一定的军事意义

定向越野运动具有一定的军事意义。它对于丰富地理、地图知识，进而掌握识图和用图的本领，加强国防建设大有好处，它尤其对培养青少年的自我生存能力、启发智力有独到益处。它是一项具有军事意义的探险体育项目，可与任何一项体育运动媲美。

☞复习思考题：

1. 什么是定向运动？
2. 试述定向运动的种类和历史。
3. 试述定向运动的意义。

第七章　定向越野运动基本知识

第一节　定向运动的特性

定向运动自形成之日起，就受到人们的欢迎，这是由该项运动的性质和特点决定的。它既是一项体能较量的运动，也是一项技能、智能竞争的运动，要想获得定向的成功，必须在体能、技能、智能等各方面全面锻炼。

一、定向运动的技能要求

定向越野比赛通常都是在丛林、沼泽、山地等富有挑战性的地段进行。运动员每一步都不一样，要求定向运动员有通过各种地形的丰富经验和技巧。

二、定向运动的体能要求

定向运动是一种需要运动员有持久耐力和良好体能的运动。在定向越野比赛中运动员体内大约90%的氧需要最大限度地参与运动，而肌肉肝糖的最主要组成物质——碳水化合物是这项活动的主要能量来源。运动员需要以全速跑，速率变化一般为每千米4~10分钟，但在一条路线上某些点标之间也可能达到每公里低于3分钟。

三、定向运动的智能要求

定向运动实质上是一项独立性极强的运动，比赛中运动员从起点到终点必须独立做出所有决定，必须独立处理在比赛过程中发生的任何问题。运动员还要频繁读图，不断确定自己在图上的位置，做出判断，选择最佳路线，依靠指北针在崎岖不平的路上简化地貌，尽可能实现从大腿到大脑最协调的配合，从而达到目标。

第二节　定向运动的器材、设备

定向运动器材是指在定向运动比赛中必须使用的专业器材设备，运动员除携带定向图外，还必须携带定向指北针和检查卡，在比赛现场还设有检查点标志、点签（打卡计时设备）和起终点设备等（见图7-1）。

第二节 定向运动的器材、设备

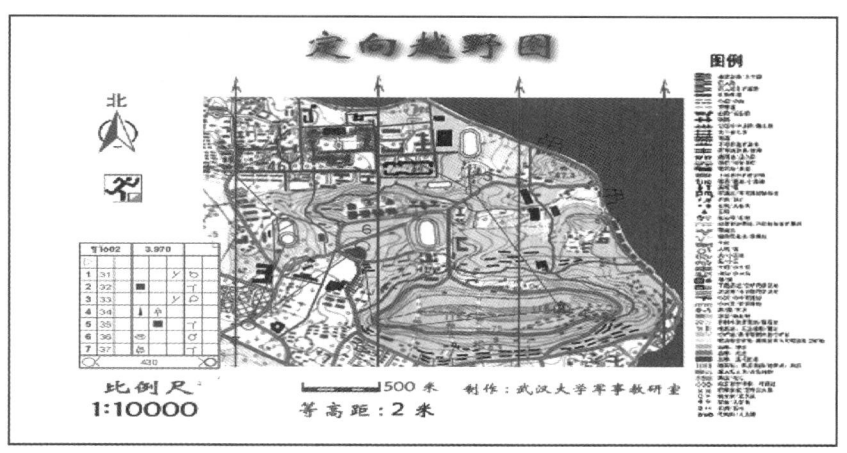

图 7-1 定向运动器材

一、定向运动地图

定向运动地图（简称定向图）是开展定向运动最基本的资料，也是运动员在参加定向比赛中进行定向和寻找检查点的基本依据。定向图属于专用地形图，规模较大的定向比赛，必须使用专用比赛图；而一般规模较小且非正式比赛可用代用图；平时定向训练还可以使用简单的素图（单色地形图）。竞赛用地形图是以国际定向运动联合会（以下简称国际定联）公布的《国际定向运动地图制图规范》为依据进行修测、绘制、印刷的。与军用地图相比较，定向运动地图有以下区别：

1. 定向图对比例尺和现势性的要求

（1）比例尺：《国际定向运动地图制图规范》中规定，比赛地图比例通常为1：15000，等高距为5米。为适应特殊需要可使用不同比例尺和等高距地图。国际定向比赛中通常采用1：15000的定向运动图。我国地形图的比例尺系列中没有1：15000的地形图，在国内定向越野比赛中通常采用比例尺为1：10000，等高距为5米的定向图。对比赛地域较小，如公园、校园赛等，比例尺可采用1：5000，等高距2.5米的定向图。

（2）现势性：定向图对现势性的要求较高。所谓现势性是指地图所反映的情况与现地情况的一致程度。在比赛前必须对比赛中使用的定向图进行修测。具体要求是地物地貌的关系位置要准确；要适当补一些细部地貌、地物，特别是对于检查点标志说明表上的地貌、地物一定要在图上有所表示；取舍要合理，以保证正常速度奔跑的运动员不会产生不准确感。定向图如在修测过后仍有误差，并可能影响比赛时，应将内容注明或向运动员说明情况。

2. 定向地图的内容特点

定向图与军用地形图相比较，在内容上有以下特点：

（1）定向图所表现的内容是与运动（寻找检查点）有关系的地形，图中标有一条连接起点并通过各检查点的定向路线，通常用红色表示；图幅的大小包含该比赛区域（即比定向路线所包含的区域略大）为准，所以其地形范围可以是不规则的区域，图幅的大小一般适合运动员携带。

（2）在地图符号方面，定向运动图以国际定联的制图规范为准，大部分符号（如地貌、部分地物）与我军现行的军事地形学地图符号相同（见图7-2），但有部分特别是表示通行状况的地图符号有一些差别。在我国进行的国际比赛中，图例说明一般采用英文和中文相间说明。

（3）在地图颜色方面，定向运动图不限于4种颜色，根据需要一般为6色，甚至颜色更多，基本颜色与军用地形图一样，即棕色为地貌，黑色为地物，绿色为植被，蓝色为水系，还可增加黄色、灰色等，其中绿色可以分为深浅多种。图上绿色越深，表示现地植被越茂密，通行越困难；黄色通常表示空旷程度差，通行困难。其他颜色用于特定内容，如要采用，则在图例中或其他地方加以说明（见图7-3）。

蓝色象征任何有水的地方；黄色代表开阔地、田野、牧场或空旷区；黑色代表人造物体，如小路、小径、输电线，还代表岩石、悬崖峭壁和大石头；白色表示容易通过的森林区；

第二节 定向运动的器材、设备

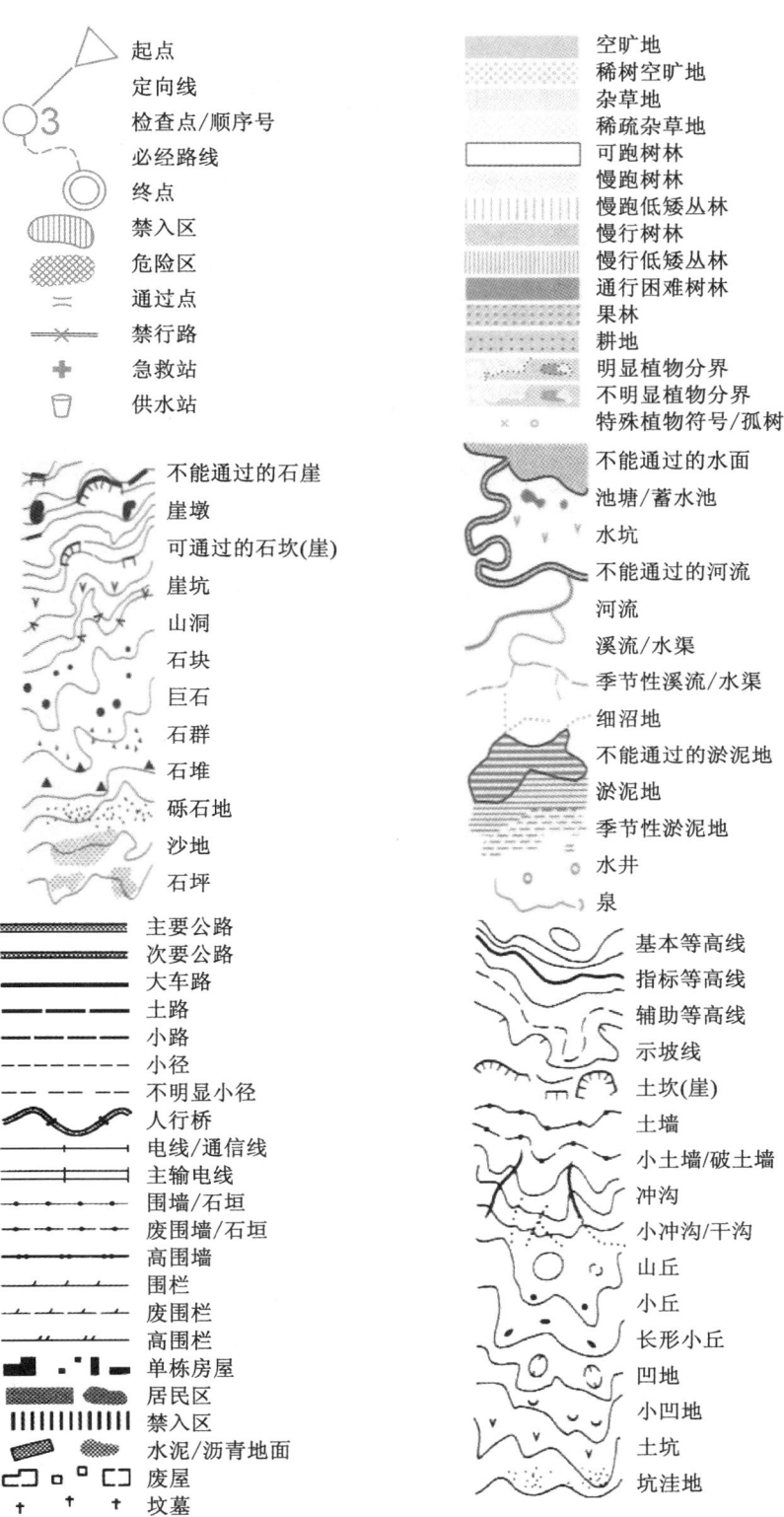

图 7-2 定向比赛地物符号

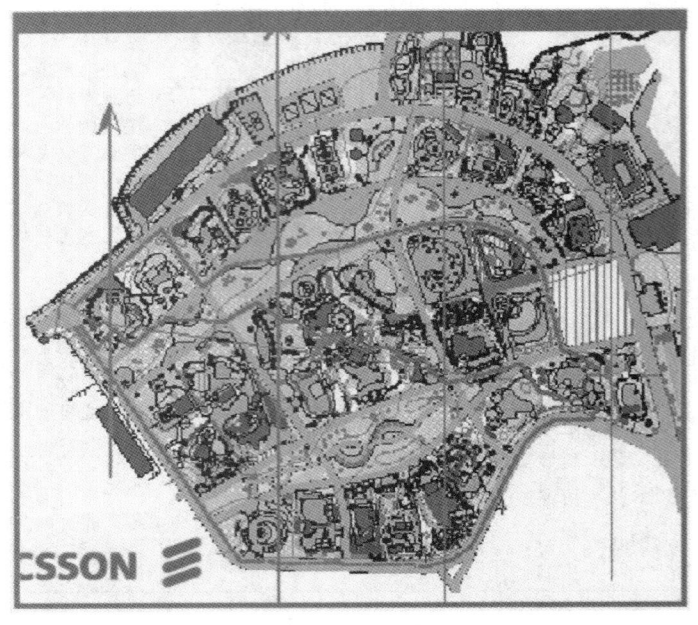

图 7-3　定向地图上的颜色

绿色代表浓密且不易通过的森林，绿色越深，越难通过；棕色表示等高线和主干道及坚硬的路面；黄绿色是私宅区域，禁止入内，如民宅、私家花园或草坪；红/紫红色代表指南、北线，上北的粗线及路线。

（4）定向图的图廓注记除与军用地形图相同的图名、比例尺、等高距等以外，还有赛会名称、会标以及设计、修测、编制印刷单位、赞助单位，有的还标有主办单位、时间宣传口号及赞助单位的广告等，对于图例可在地图上附注，也可不附注（见图7-4）。小型的定向比赛或定向训练，可以将检查卡片（打点签位置）印在地图上，以方便使用。

（5）定向图为单幅使用地图，无须拼接。为使运动员在奔跑中便于使用，在树林地或下雨等气候中不至于毁坏地图，地图印刷用纸质地要好。野外定向比赛时，最好配有透明塑料袋。

二、定向指北针

定向指北针的作用是为运动员指示方位和标定地图（见图7-5）。它与定向图配合能起到辨别和保持运动方向、确定检查点位置的作用。定向越野比赛中一般使用定向指北针；对于小型比赛或平时定向训练，可使用军用指北针或简易指北针。定向指北针的特点一是采用全透明有机玻璃制成，使用方便，可以透过指北针看清地图内容，有的还配有直尺刻度、放大镜等，便于运动员测算距离；二是指针的灵敏度和稳定性较好，指针周围充有阻尼液体，非常适合在运动中使用；三是配有携带绳或紧固带，能很方便地系在手腕或手指上。

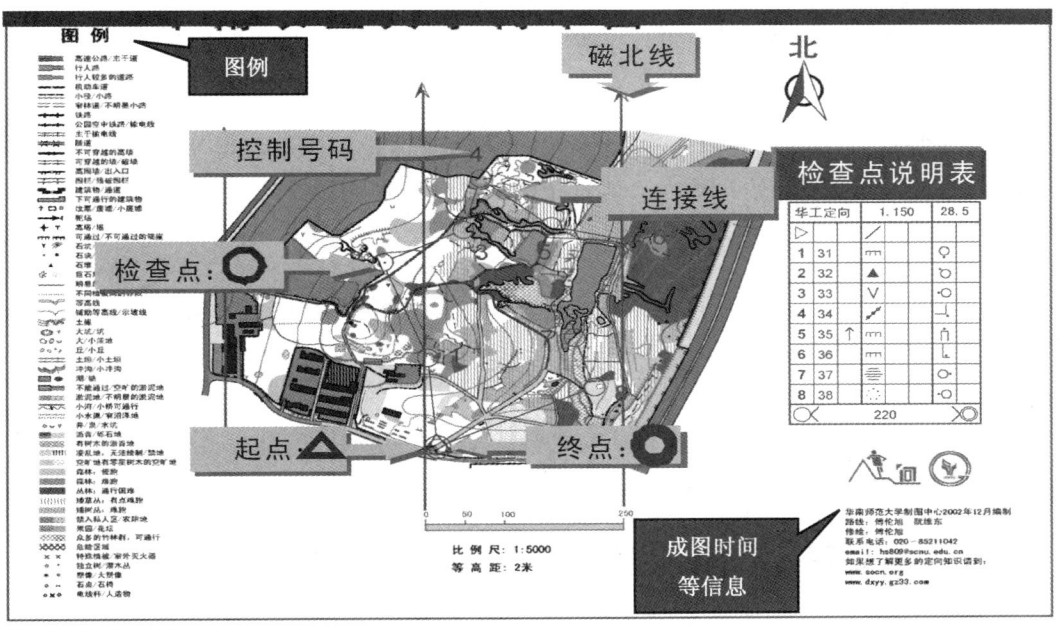

图 7-4 定向地图包含的信息

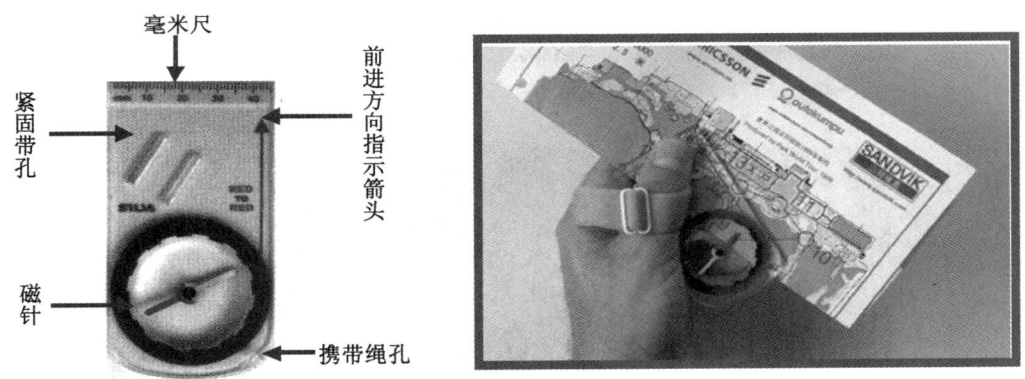

图 7-5 定向指北针

三、检查点标志

检查点标志（简称点标）是设在检查点上的标志旗（见图 7-6），它是运动员寻找和辨别检查点的依据。国际定联对点标的尺寸、颜色等有明确规定：①点标由三面标志旗连接成三棱体，每面标志旗的尺寸为 30 厘米×30 厘米沿正方形的对角线分开，左上部为白色，右下部为橙红色。夜间定向检查点同时应有光源；②检查点标志应悬挂在图上标明的地点，一般距地面 80~100 厘米。实际位置应与检查点说明表一致；③检查点标志应有一代号，代号用一个拼音字母或两位数字表示，数字从 31 开始选用。字母或数字为黑色，字高 6~10 厘米，笔画粗 6~10 毫米；④检查点标志的设置应使运动员在寻找时具有一定的难度，但无须隐藏；⑤每个检查点备有打印器。各个打印器的图案不得重复。

四、点签

点签也叫打卡器（见图 7-6），是给运动员卡片打印记的工具，每个检查点都必须有点签与点标相互配合，不同的检查点所打印记是不一样的，常见的有钳式、印章式和电子打卡系统。电子打卡系统是一种先进的点签，它由运动员手持的电子卡（指卡）、检查点上的电子卡座和终端的电脑检查系统、打印机组成，使用时运动员到达检查点后将系在手上的指卡对准检查点卡座的正面方向或卡座孔一按就完成打点（注意检查点卡座上的声光提示）。运动员到达终点，终端电脑检查系统便能及时地将各点之间的用时情况和比赛成绩打印出来。图 7-7 为电子计时系统。

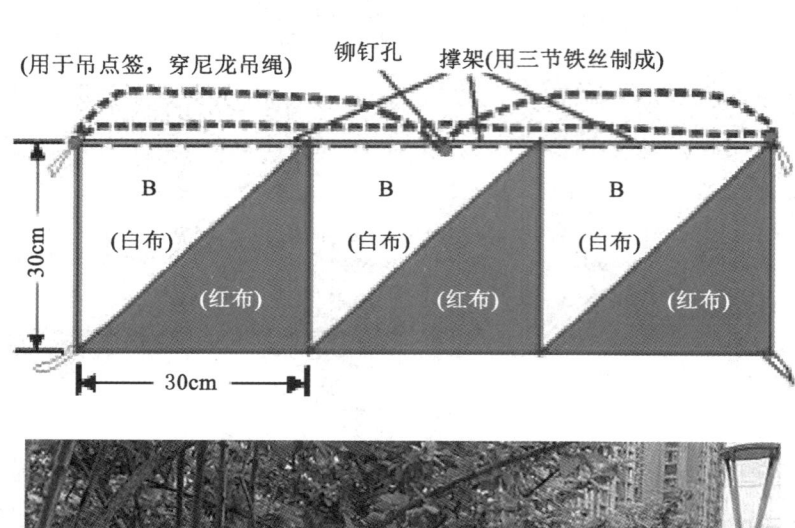

图 7-6　检查点标志旗与打卡器

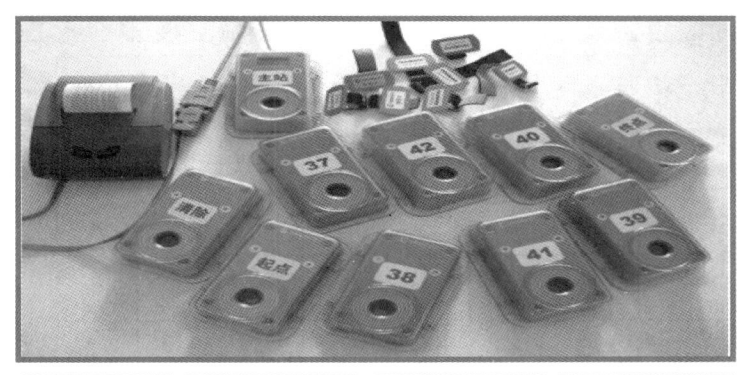

   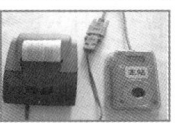

卡座和指卡　　　用启动棒启动　　　打卡　　　主机和热敏打印机

图 7-7　电子计时系统

五、检查卡片

检查卡片是运动员用来打印检查点标记的多用卡片,是运动员表明已通过检查点的依据,也是判定成绩的依据(见图 7-8)。卡片分为主卡和存根。主卡由运动员携带,存根由起点裁判掌握。卡片尺寸一般为 20 厘米×10 厘米,另有姓名、组别、出发时间及打卡空格等,检查卡片在定向比赛中一般提前发给运动员,比赛中运动员到达检查点在对应的空格内打卡,到达终点应迅速交给裁判员验卡。采用电子打卡系统的比赛中运动员携带电子打卡器(指卡),使用方法见"点签"中有关内容。

 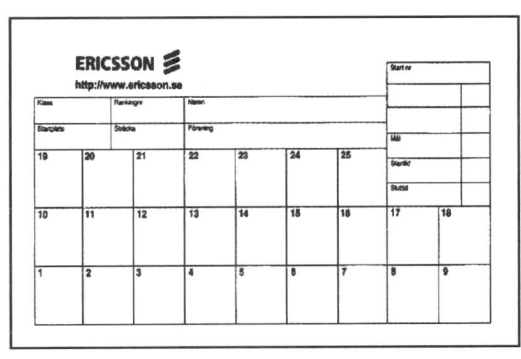

图 7-8　检查卡片及电子打卡系统

六、符号化检查点说明表

表 7-1 为一条完整路线的说明表,表 7-2 为符号化检查点具体说明表。

第七章 定向越野运动基本知识

表 7-1　　　　　　　　　　　一条完整路线的说明表

H 21-E			12.300			270	
1	32		≡	▲▲		>·	
2	36	⊙		●●			人
3	44		∪	∪	3×5	⊖	
4	49	∥	V		2×2		
5	54	→	○	▦	9×6	⊙	⊔
A 检查点编号	B 检查点代号	C 检查点地物方位	D 检查点地物名称	E 地物的外观特征	F 地物的尺寸	G 点标与地物位置	H 其他

表 7-2　　　　　　　　　　　符号化检查点具体说明表

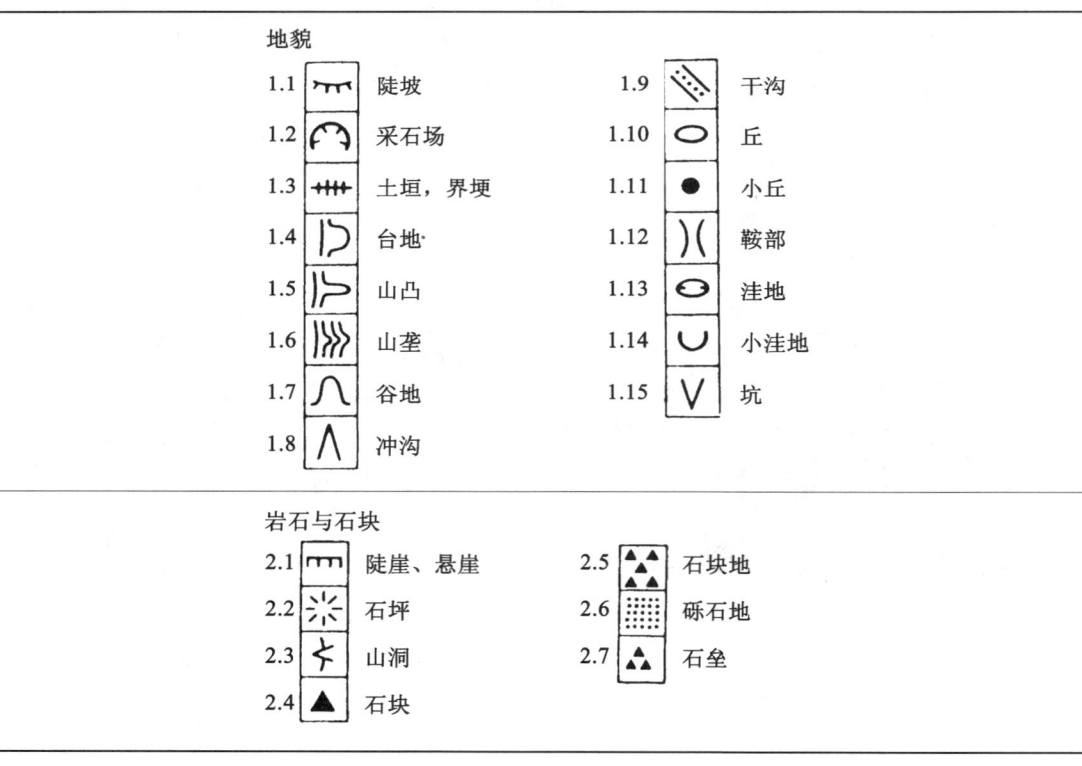

续表

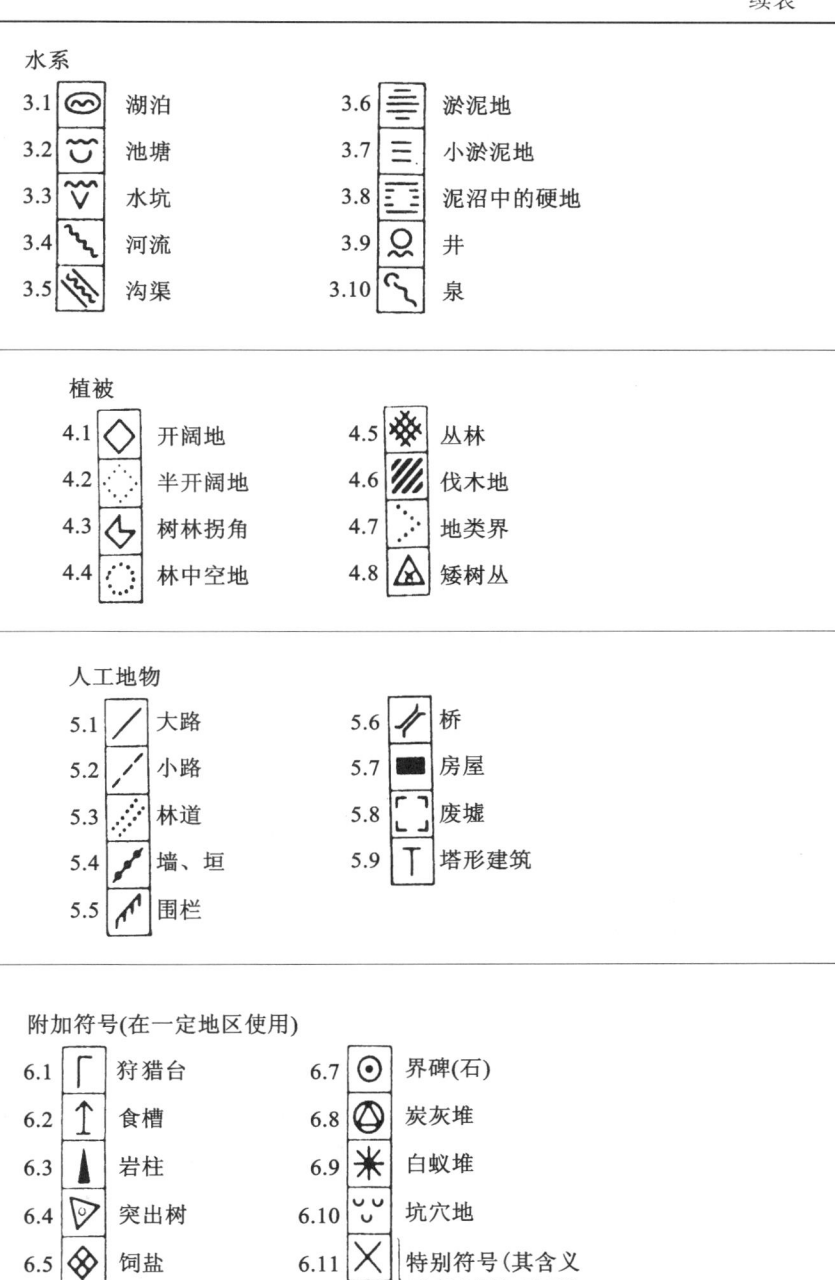

续表

8.7	上部("头") 下部("脚")	8.9	南脚下 在脚下(不指出方向)
8.8	顶部		

H 其他情况

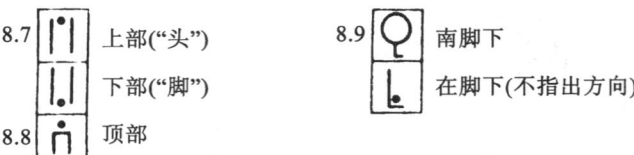

9.1	饮料站	9.3	检查员
9.2	电台	9.4	医疗站

规定路线

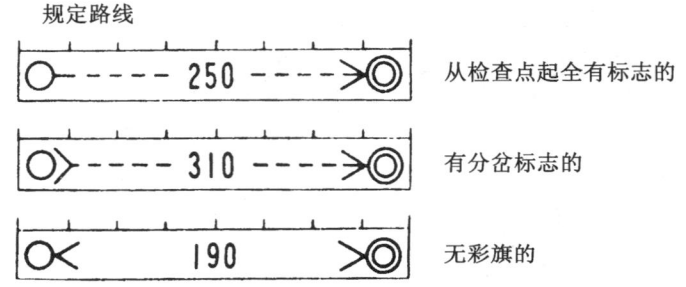

从检查点起全有标志的

有分岔标志的

无彩旗的

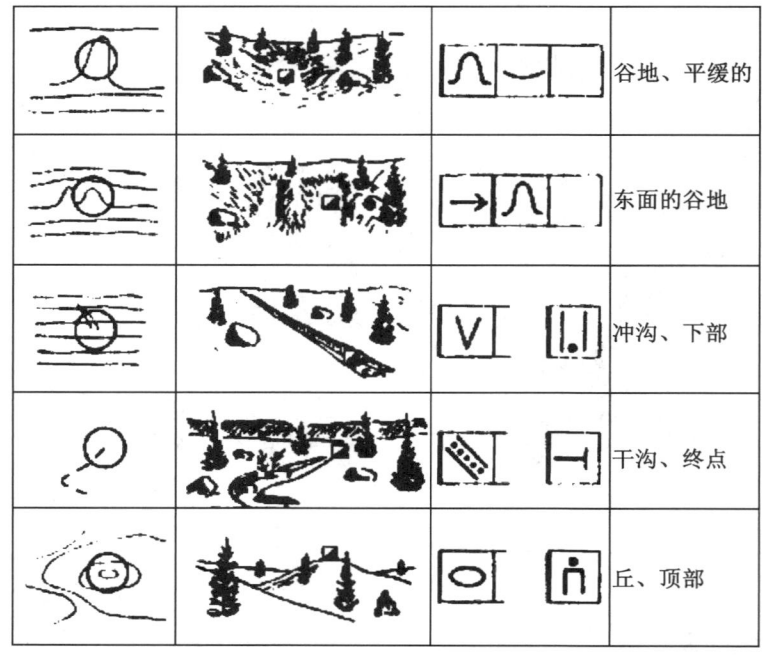

			谷地、平缓的
			东面的谷地
			冲沟、下部
			干沟、终点
			丘、顶部

续表

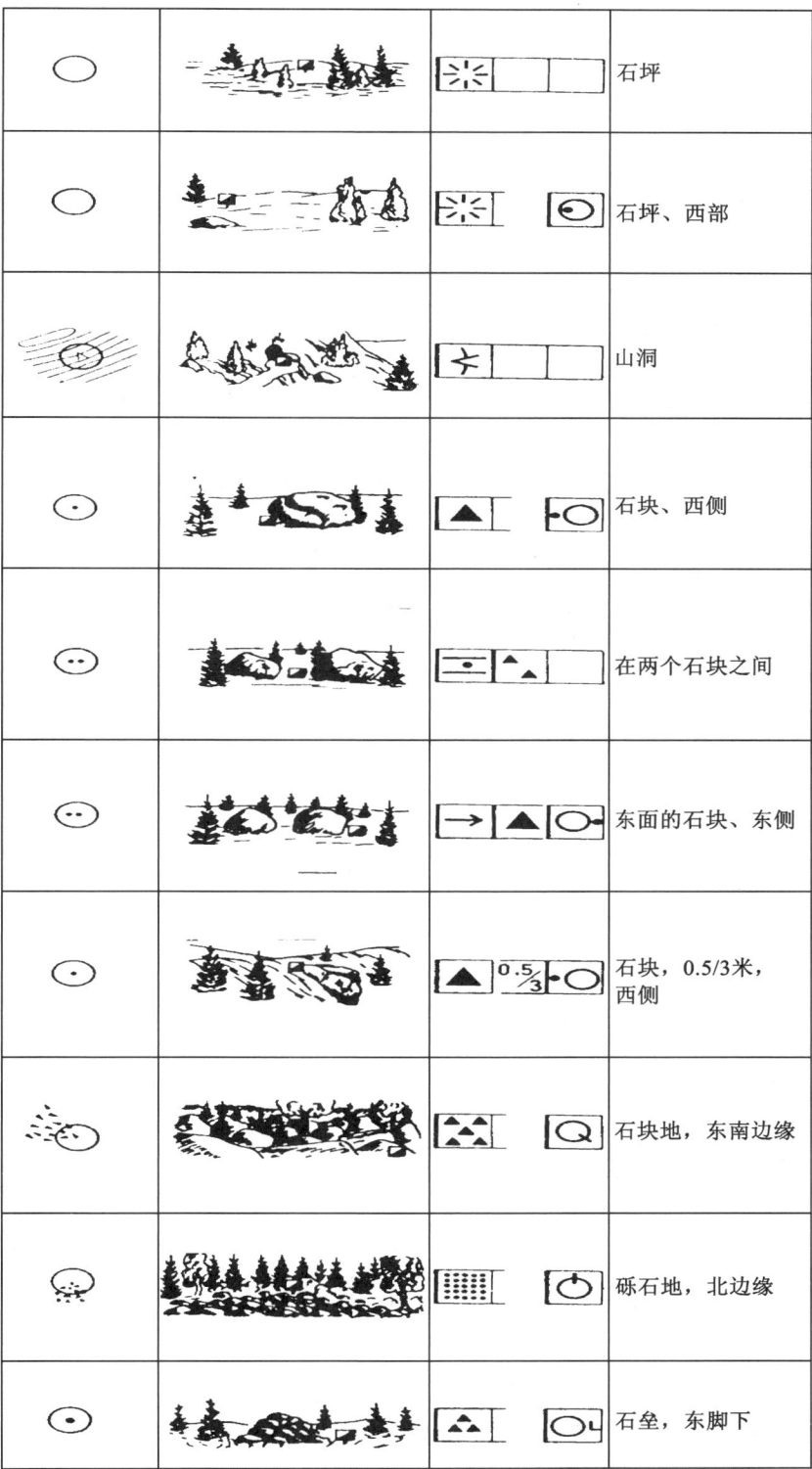

续表

⊙	(图)	[O] [⌐]	洼地
⊙	(图)	[O] [⊙]	洼地,东部
⊙	(图)	[U] [O]	小洼地,东边缘
⊙	(图)	[V] [O]	坑,西边缘
(图)	(图)	[⊓] [⌐]	陡崖,脚下
(图)	(图)	[⊓] [⌐⊙]	陡崖脚下,北部
(图)	(图)	[←⊓] [⌐]	西面的陡崖,脚下
(图)	(图)	[←⊓] [⌐]	西面的陡崖,脚下
(图)	(图)	[⊓] [n]	陡崖,顶部
(图)	(图)	[⊓] [n⊙]	陡崖顶,南部
(图)	(图)	[⊡⊓]	在两个陡崖之间

第二节 定向运动的器材、设备

续表

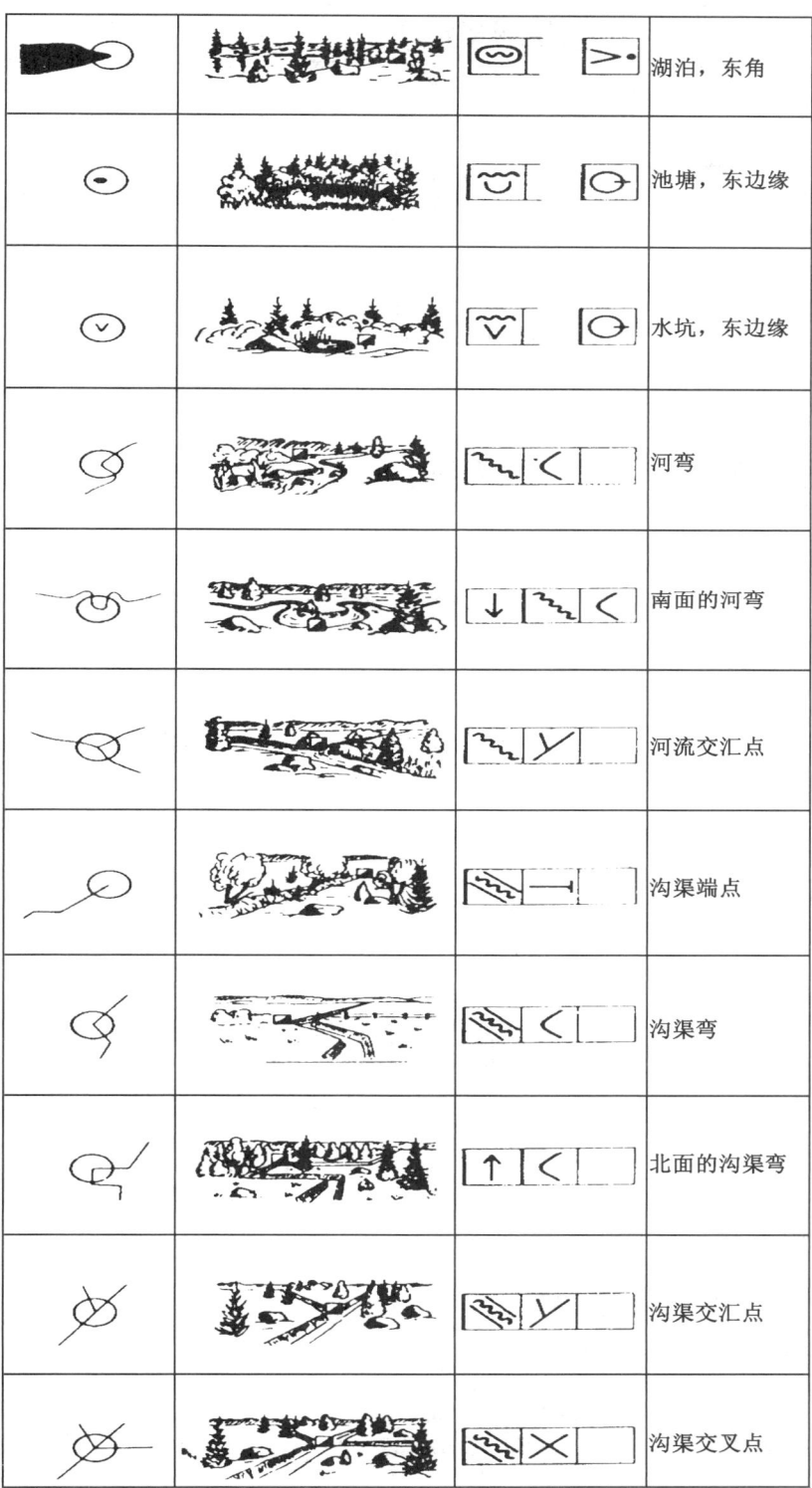

			湖泊，东角
			池塘，东边缘
			水坑，东边缘
			河弯
			南面的河弯
			河流交汇点
			沟渠端点
			沟渠弯
			北面的沟渠弯
			沟渠交汇点
			沟渠交叉点

第七章 定向越野运动基本知识

续表

				淤泥地，西北部
				淤泥地，南角
				淤泥地，东拐角
				在两个淤泥地之间
			8×8	小淤泥地
				淤泥地中的硬地，西北角
				井，东侧
				泉，西边缘
				田地，东南拐角
				沙滩，西边缘
				草地，丛生的，东边缘

七、其他器材和设备

定向比赛中除上述器材外,还必须准备其他器材,如运动员号码布起点与终点设备及途中用品等。起点、终点和途中设备用品一般有:出发点和终点横幅、时间显示器、发音器、图箱、通道绳、计时器、扩音器、成绩公布栏、急救药品、桌椅等,使用电子打卡器还必须有手提电脑、打印机等。

☞复习思考题

1. 定向运动的特点有哪些?
2. 定向运动对运动员有何要求?
3. 定向运动有哪些器材、设备。
4. 运动员使用定向运动器材、设备时有哪些要求?
5. 运动员应如何正确使用定向运动的器材和设备?

第八章　定向越野运动的技能

第一节　定向越野运动的技术

定向越野运动的技术概括为四个方面：一是在野外能迅速辨别方向；二是能熟练地使用地图和指北针；三是善于进行长距离的越野跑；四是能够果断、细心、迅速选择最佳的行进路线。

一、野外辨别方向

1. 利用地物辨别方向

（1）房屋：房屋一般门朝南开，在我国北方尤其如此。

（2）庙宇：庙宇通常也南向设门，尤其是庙宇群中的主要殿堂。

（3）树木：树木通常朝南的一侧枝叶茂盛，色泽鲜艳，树皮光滑，向北的一侧则相反。同时，朝北一侧的树干上可能生有青苔。

（4）凸出地物：如墙、地埂、石块等，其向北一侧的基部较潮湿，并可能生长苔类植物。

（5）凹入地物：如河流、水塘、坑等，其向北一侧的边缘（岸、边）的情况与凸出地物相同。

2. 利用太阳与时表判定方向

上午9时至下午4时之间按下面这句话去做，就能较快地辨别出概略的方向："时数折半对太阳，'12'指的是北方。"如在上午9时，应以4时30分的位置对向太阳；如在下午2时40分（即14时40分），则应以7时20分的位置对向太阳，此时"12"指的方向即为北方。

3. 利用指北针辨别方向

当指北针的磁针静止后，其N端（通常都有标志）所指的方向即为北方。利用指北针辨别方向十分简便快捷，但是需要注意的是，第一尽量保持指北针水平；第二不要距离铁、磁性物质太近；第三不要错将磁针的S端当做北方，造成180°的方向误判。

二、熟练使用越野图和指北针

1. 越野图比例尺

定向越野运动的特点要求必须使用大比例尺地图，如表8-1所示。

表 8-1　　　　　　　　　　　　　　越野图比例尺

图上距离	实地 1∶5000	实地 1∶10000	实地 1∶15000	实地 1∶20000
0.5mm	2.5m	5m	7.5m	10m
1mm	5m	10m	15m	20m
2mm	10m	20m	30m	40m
10mm	50m	100m	150m	200m

2. 定向越野地图的注记

（1）地名注记：在越野图上，地名的表示并不重要，除非对运动员判定方向与确定站立点非常有用，地名（包括村镇、河流、高地等）一般不表示。

（2）高度注记：高度注记分为等高线注记（注在等高线上）、高程注记（地面高程注记绘有测注点"．"，水面高程注记旁则不绘测注点）和比高注记三种。

（3）图外说明注记：越野图图外说明注记包括比例尺、等高距、图名、图例、出版单位、出版时间、成图方法、用图要求等。有时越野图上还会印有检查卡片、检查点说明表、赞助人广告等。

3. 定向越野图与指北针的使用

熟练掌握使用国际定向越野图与指北针的各种方法，在定向越野中具有特殊的重要意义。

（1）标定地图：是为了使越野图的方位与现地的方向相一致。这是使用越野图的最重要的前提。有四种方法：一是概略标定；二是利用磁北线标定；三是利用直长地物标定；四是利用明显地物标定。

（2）对照地形（现地对照）：是要通过仔细观察，使图上和现地的各种地物、地貌一一"对号入座"，即相互对应。对照地形在定向越野比赛中的作用主要有两个：一是在站立点尚未确定时只有正确地对照地形，才能在图上找出正确的站立点位置；二是在站立点已经确定，需要变换行进方向时只有通过对照地形，才能在现地找到已选定的最佳行进路线。

（3）确定站立点：是定向越野的基本功，要求运动员随时明确站立点在图上的位置，特别是在起点、检查点上。确定站立点的方法：一是利用明显地形、地物直接确定；二是利用位置关系确定；三是利用"交汇法"确定；四是用90°法确定（利用线状地形和明显地物确定站立点）。

三、越野跑的技术

1. 越野跑的特点

定向越野的越野跑实际上是一种长距离的间歇式赛跑（在途中常常需要停下来看图或定向）。这种在野外清新的环境中的奔跑，可以使肌肉的紧张与放松，身体的负荷与精神的专注不断地交替进行。在这种情况下，所有参加者的全身，特别是呼吸与心血管系统都将得到较好的锻炼。

2. 越野跑的基本要求

定向越野的越野跑同其他长跑项目一样，要求一方面能够尽可能减少人体能量的消耗，维持一定的跑速，另一方面又能根据比赛的情况，具有随时加快速度的能力。因此，下述要求应使运动员在训练阶段努力掌握，在比赛过程中始终注意：

（1）姿势：主要采用身体微向前倾或正直的姿势。要尽量保证身体各部分（头、躯干、臂、臀、腿、足）的动作协调配合，并且善于利用奔跑中产生的支撑反作用力与惯性不断前进，使身体保持平稳，提高跑的效果。

（2）呼吸：最好利用鼻子与半张开的嘴（用舌尖舔住上颚）共同呼吸。除了在奔跑中出现生理"极点"现象时可以变化呼吸的频率与深度（即用多呼气的方法提高气体的交换率）外，一般情况下应自然地或采用适当的深度并有节奏地呼吸。

（3）体力分配：按选择的路段，或者按比赛的阶段（起点、途中、终点），或者根据自身体能状况的不同确定。通过工作阶段（肌肉的紧张）和休息阶段（肌肉的放松）适时交替的方法，达到既跑得快，又跑得省力的目的。

（4）速度：一般来讲不宜过快。过快或在途中加速太猛不仅会影响体力的正常发挥，而且会严重地影响判断力。有人曾做过试验：同样难度的数学题，在奔跑中需要用比在静止时多几倍的时间才能算出来；如果再加速，需要的时间不仅会更长，错误也会更多。但对于一名有经验的运动员来说，当地形有利（如参照物多、道路平坦等）时，则应尽可能快跑。

（5）节奏：试验材料表明，人感受的最适宜节奏是每分钟 70~90 次（即每步时值为 0.85~0.67 秒），过快的节奏不易感受，过慢则会起抑制作用。有节奏的动作不仅能省身体能量的消耗，而且能达到最适宜的动作协调。协调而富有节奏的动作，能给人以轻松自如的感觉和美的享受。

（6）距离感：在越野跑中保持一定的距离感是必要的，它不仅可以帮助运动员加快找点的速度，也有利于体力的计划与分配。

3. 越野跑的技术

越野跑时，由于跑的地点和环境在变化，所以跑的技术也要因条件的改变而随之变化。下面介绍的仅是在几种常见地形上的越野跑技术：

（1）在道路上时，基本上采用与中、长距离跑相同的技术，并尽量注意在路面平坦的地方奔跑。

（2）在草地上时，用全脚掌着地，同时留心向前下方看，以免陷入坑洼或碰在石头上。

（3）上坡时，上体应前倾，大腿高抬一些，并用前脚掌着地，小步跑上去。遇到较陡的斜坡，可改用走步的方法或用之字形跑法（走法）。必要时可用单手或双手辅助攀登。

（4）下坡时，上体应稍后倾，并以全脚掌或脚跟着地的方法进行，遇到较陡的下坡或坡面很滑的斜坡，可用侧脚掌着地，甚至采用蹲状的并用手在体后牵拉（草、树）、撑（地）的方式行进。到达下坡的末端（一般 8~10 米），便顺坡势疾跑至平地。

（5）从稍高的地方（1.50 米以下）往下跳时，可用跨步跳的动作：踏在高处的腿（支撑腿）必须弯曲，另一腿则向前下方伸出，跳下两脚着地并以深屈膝来缓和冲击的力量。同时，在落地时，两脚应稍微前后分开，以便继续向前奔跑。从很高的地方往下跳时，应设法降低下跳的高差，根据情况采用坐地双手撑跳下或侧身单手撑跳下的方法。落地时要注意两腿深屈。

（6）在树林中奔跑时，注意不要被树枝、树叶、藤蔓等剐伤，特别要防止被树枝戳伤眼睛。此时一般都用一手或两手随时护住脸部。

（7）遇到小的沟渠、壕坑、矮的灌木丛或倒伏树木时，要增加跑速，大步跨跳而过，在落地的同时，上体稍向前倾，以便保护腰部与便于继续前跑。在通过较宽的（2.5~4 米）的沟渠时，需用 15~25 米的加速跑，采用大跨步跳和跳远的方法越过。应注意做好落地动作，防止后倒。遇到大的倒伏树木、其他矮障碍物，可以用踏过它们的方法越过。遇到较高的障碍物（不超过 2 米），如矮围栏、土垣等，可用正面助跑蹲跳和一手或双手支撑的方法翻越。

（8）通过独木桥等狭窄悬空的障碍物时，应采取使脚面外转成八字的跑法。如果这类障碍物很长，就不应跑，而应平稳地走过。

（9）不同地形对运动速度有较大影响，其概略值见表 8-2。

表 8-2　　　　　　　　不同地形对运动速度影响的概略值（分钟/公里）

姿态	地　形			
	公路	空旷地	疏林	山地或树林
走	9	16	19	25
跑	6	8	10	14

4. 怎样选择比赛路线

定向越野比赛中选择最佳路线的原则是省体力、省时间、最安全，便于发挥自己的技术、体能优势。定向越野比赛中的情况是复杂多变的，运动员要根据实地地形灵活机动地选择行进路线。基本方法如下：

（1）充分利用道路，坚持"有路不越野"的原则。比赛地图现势性强，道路表示较详细。利用道路有利于运动中图地对照，有利于运动中随时明确站立点的图上位置，不易迷失方向，同时还可省力节时。如图 8-1 所示，最佳的运动路线是：从出发点出发，先沿大车路向东到岔路口，然后向北沿小路到第 1 号检查点，而不应翻越山顶运动。但利用道

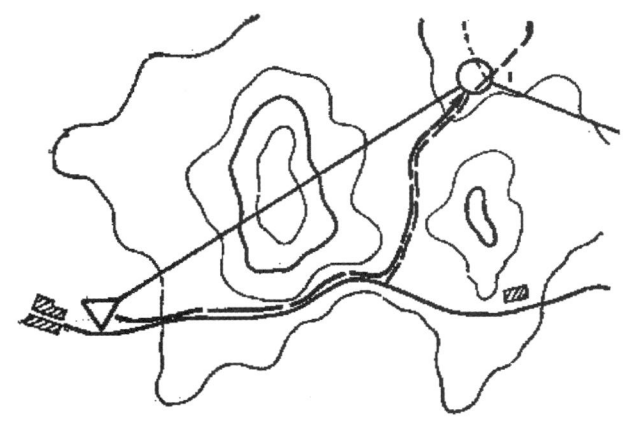

图 8-1　坚持"有路不越野"的原则

路运动要考虑距离。

（2）在起伏不大、树林稀疏可跑的地段，坚持"选近不选远"的原则：如图 8-2 所示，虽然从第 1 号检查点到第 2 号检查点有路可选，但距离太远，因此不宜采用。两检查点之间，地形较平坦，树木不多，直接越野为最佳路线。

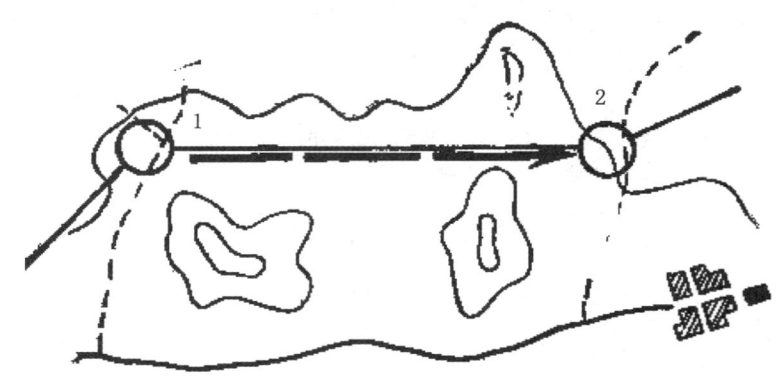

图 8-2 坚持"选近不选远"的原则

（3）在起伏较大，树林密集，障碍大的地段，坚持"统观全局提前绕"的原则。如图 8-3 所示，从第 2 号检查点到第 3 号检查点，既可利用，又因途中有陡坎、大水塘以及难以攀登的高地。因此在选择运动路线时，要分析整个地形，尽量避开这些不能通过的地段，提前做好绕行准备。

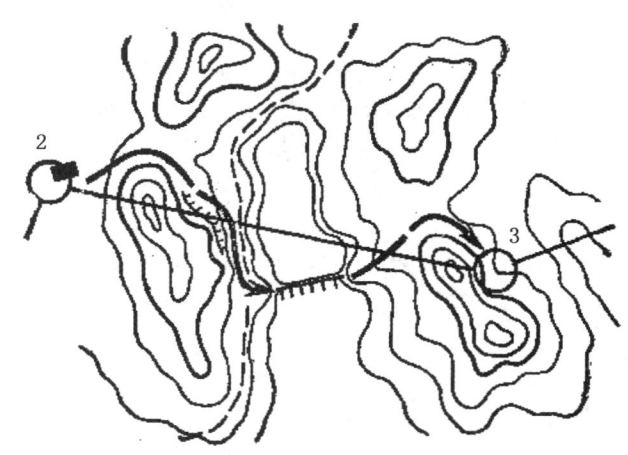

图 8-3 坚持"统观全局提前绕"的原则

（4）在山地比赛中遇山脊和山谷，坚持"走高不走低"的原则。定向越野比赛中，高处通视度好，易判定方位，越野难度一般也比山谷小，身处这种地形中要予以选择沿山脊线越野（见图 8-4）。

以上原则要综合利用。选好最佳路线后，要在地图上熟悉两侧的主要地形。

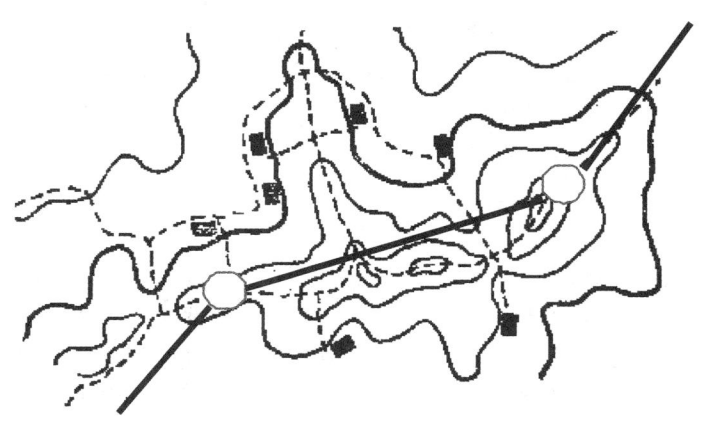

图 8-4 坚持"走高不走低"的原则

第二节 定向越野的技能

一、出发点动作

定向越野比赛，参赛者在出发区领到比赛地图后，很短时间（一般为 2 分钟）内就要出发。有限时间内，需要做很多准备工作。

1. 浏览全图明走向

得到比赛地图后，一要浏览全图，根据标绘的比赛路线，弄清基本走向；二要明确出发点与终点的关系。若起点和终点设在一地或相距很近，应在实地观察一下终点设置、终点与附近地形的相互关系，便于终点冲刺。

2. 图上分析选准线

根据图上标明的出发点和第 1 号检查点的位置，进行图上分析，选择最佳运动路线，选择路线既要坚持"有路不越野、选近不选远、走高不走低、遇障提前绕"的基本原则（适用定向越野全过程）；又要根据实地情况综合利用，灵活机动地选择行进路线。

3. 标定地图定好向

为准确、迅速起见，在出发区一般利用指北针标定地图。地图标定后，通过图上出发点与第 1 号检查点的延伸方向就是实地运动的方向。

4. 对照地形选准路

根据确定的运动方向，迅速进行地图与实地对照，依据实地的地形条件，在能通视的地段内，选择好具体运动路线，与此同时在通视地段的尽头适当位置选好辅助目标，并确定该目标在图上的位置。通过上述准备，力争做到：图上明，方向明，路线明。

二、运动中的动作

运动中，参赛者水平不一，采用方法也不尽相同，但都必须注意两个基本动作：一是随时标定地图。这里所说的"随时"，并不是指任何时候都要将地图的方位与实地方位一致,而是指只要看图,就能快速准确地保证地图方位与实地方位一致。为了节约时间,便于在奔跑中标定地图,最理想的方法是依明显地物地貌点标定。二是随时明确站立点在图上的位置。这里所说的"随时",也不是随时都用眼睛盯在地图上,而是指奔跑中,任何时候心里都要明确自己在图上的位置,而且只要看图,就能准确地明确站立点在图上的位置。即"人在实地走,心在图中移"。

(一) 基本方法

1. 分段运动法

这是初学者平时训练或参加比赛时最理想的运动方法。如图 8-5 所示,参赛者在第 3 号检查点上,选择好运动路线后通过对照地形,首先在能通视的地段,选择鞍部作为第一个辅助目标,在向鞍部运动前,由于通过对照地形,对鞍部的图上位置以及向鞍部运动的实地路线都已明确,因此,向鞍部运动的途中就不必进行对照地形了。当运动到鞍部后,再通过对照地形,选择山背西北侧独立房作为第二个辅助目标,同样向独立房运动。到达独立房后,继续选择小高地作为第三个辅助目标,直到找到第 4 号检查点。这种方法对于初学者来说,能正确把握运动方向,能随时明确站立点在图上的位置,能减少看图时间,提高运动速度。

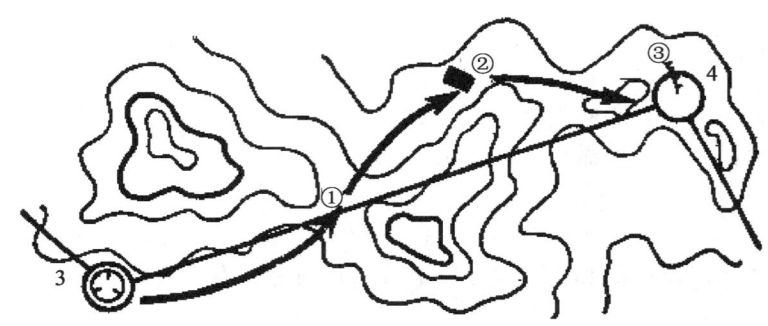

图 8-5 分段运动法

2. 连续运动法

分段运动法为进行地形对照且选择辅助目标与运动路线,必须在检查点和各个辅助目标作短暂停留,不易提高运动速度,有一定基础的参赛者就可以采用连续运动法。连续运动时,可以对辅助目标要做的工作提前,即从第 3 号检查点出发,未到达第一个辅助目标(鞍部)之前,边跑边进行图上分析,分析下一段能通视地域内的地形,选择好下一个辅助目标(独立房)以及运动路线。到达鞍部后,如观察到的地形与到达之前从地图上分析的地形一致,即可不在鞍部停留而做连续运动,如此类推直到检查点。到达检查点之前,同样可以分析检查点之后的路线,到达检查点之后,只需"作记"即可迅速向下一个检查点运动。

3. 一次记忆运动法

技术全面、经验丰富的参赛者,为了取得更理想的比赛成绩,还可采用一次记忆运动法。这种方法是:在出发点,把在地图上选择的从出发点到第 1 号检查点的最佳运动路线,一次性记在脑子里,运动中按记忆的路线运动。未到达第 1 号检查点之前,在地图上选择从第 1 号检查点到第 2 号检查点的最佳运动路线,又一次性记在脑子里,这样在检查点"作记"后,可立即离开检查点连续运动。

4. 依线运动法

"线"是指道路、沟渠、高压线、通信线等。如图 8-6 所示,从第 4 号检查点出发,先沿小径运动,看到高压线向右再沿高压线越野(地形条件允许时)运动,依线运动是用"线"控制运动方向。

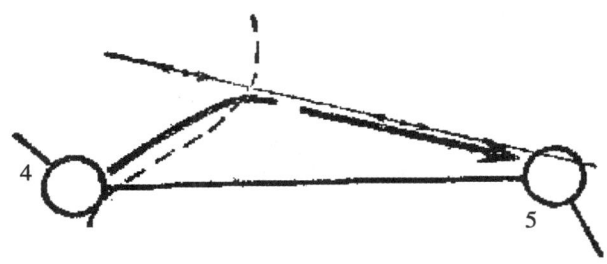

图 8-6　依线运动

5. 依点运动法

点是指明显的地物、地貌点。具体方法同分段运动法和连续运动法,即用"点"来控制运动方向。

6. 提前绕行法

这种方法是在检查点之间有大的障碍时采用,要结合检查点的位置,提前选择好最佳迂回运动路线,不要等抵近障碍再作折线绕行。如图 8-7 所示,从第 5 号检查点出发,由于受①号高地东侧陡崖的影响,不能取捷径接近小路,只能经该陡崖北端到鞍部;由于受②号高地西侧与南侧陡崖,③号高地南侧冲沟的影响,不能从鞍部取捷径向第 6 号检查点运动,只能沿小路到冲沟南端,然后取捷径向第 6 号检查点运动。

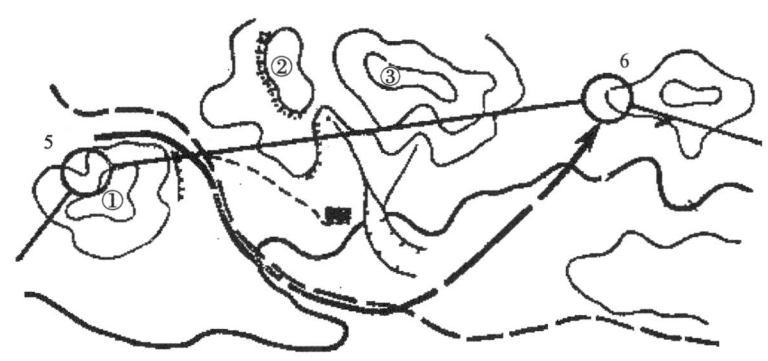

图 8-7　提前绕行法

7. 指北针定向法

在起伏不大、无道路,有一定植被覆盖、观察不便的地域内,需要采用这种方法运动时，首先在地图上测出站立点到检查点（或目标点）的磁方位角，量算出两点之间的实地距离并换算成复步数。出发时，平持指北针，旋转身体，使磁针北端和定向箭头重合，此时前进方向箭头所指的方向就是实际运动方向，如图 8-8 所示。

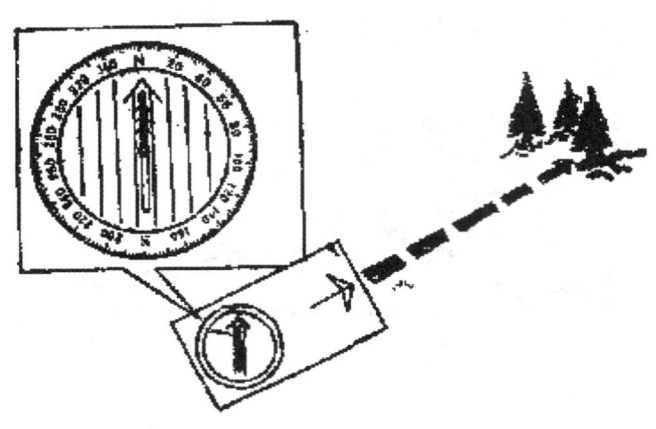

图 8-8　指北针定向法

2. 注意事项

除掌握基本动作与采用具体的运动方法外，还要注意以下问题：

（1）尽量按选择的最佳运动路线运动。比赛地图与实地地形基本相符，在地图上选择的最佳运动路线具有可靠性、可行性，一般均能保证按其实施运动，因此，不要随意改变预先选择的最佳运动路线。如果确认自己预先在地图上选择的最佳运动路线不合适，应果断地修正偏差。

平时训练时，由于使用的一般不是最新的地图，因而地图与实地有一定的差异，运动前选择的最佳运动路线会出现不能通过的地段或遇到其他变化了的情况。一般地形变化的特点是地物变化大，地貌变化小。因此，遇到这种情况后要重点抓地貌对照，根据地貌形态调整运动路线。即使比赛时使用最新地图，也应把地貌对照放在首位。

（2）有路不越野。"有路不越野"既是图上选线的原则，也是实地运动的原则。

假定有一荒丘（即无任何植被），比高 20 米，直径 200 米，运动方向线正好通过山顶。一是沿山脚绕行奔跑，距离为 314 米，以正常奔跑速度每秒 5 米计算，需 63 秒完成；二是直线穿越荒丘，一上一下 204 米，以同样的时间完成，则每秒需跑 3.24 米。很显然，上坡和下坡，要以平均每秒 3.24 米的速度运动是很难达到的。如果斜坡稍有起伏或有荆棘，则困难更大。即使不是荒丘，而是一片面积相等的小树林，林中有不成片的杂草和灌木，这样的地形也不宜直线穿越。因为在穿越时，肯定要遇到树木、草丛、荆棘的阻挠而需要跨、钻、绕、攀，抬腿要高，着地要选，因此要达到每秒 3 米的速度同样也是很困难的。

从上述例子看，仅从缩短了距离看直线越野的好处是不全面的，确定一段路线直线穿越是否合算的基点是，既要缩短距离，又要保证速度，以达到减少消耗、节约时间的目的。

还应指出的是，图上标明的道路是有限的，而实地还有许多图上没有标明的小径，能合理地选用这些小径，将受益匪浅。

实地小径通常判断（见图8-9）：一般山脊上都有小径，而且主要是沿山脊线走向；明显的山背一般有小径通过，主要是沿分水线走向；个别平缓的山谷内也有小径，一般沿合水线走向；一般独立房之间都有小径相连；当两个独立房在山脊或长山背的两侧时，一般也有小径直接相连，或通过山脊、山背小径相连；就是单个独立房，也会因放牧与砍伐的需要，有小径上山，并与山脊山背小径相连。

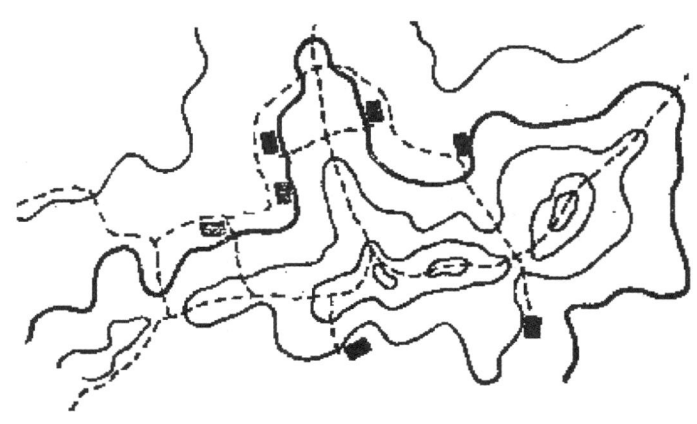

图8-9　实地小径的判断

（3）宁慢少停。比赛时，除了向终点作必要的冲刺外，途中应作类似长跑的匀慢加速运动，如上坡稍慢、下坡要快；接近检查点稍慢，离开要快等。这里所说的"宁慢少停"，是说途中运动速度宁可慢一点，也要尽量减少"停"（指停下来看图，对照地形）的次数，或做到不"停"。例如正常奔跑1000米需4分钟，速度是每秒4.17米，但途中如果不自觉地停下来对照3次，每次20秒钟，那么3分钟要跑完1000米，速度就要达到每秒5.56米。在起伏不大的地段作短时间奔跑虽然能达到这个速度，但不能长时间坚持下去。短时间内急剧消耗体力对整个比赛是极为不利的。因此，比赛中宁可放慢速度在运动中对照，也不要停下来。

（4）走错了怎么办：走错路，是指偏离了运动方向。如能及时明确自己的站立点，或偏差不大，取捷径回到预定的最佳路线上；或偏差较大，及时进行图上分析，重新选择最佳运动路线。迷失方向，是指经过地图与实地对照，还不能明确自己站立点的图上位置。此时，可采用下述方法：

一是回头法。当确认站立点与最近的已知站立点距离不远时，可返回到最近的已知站立点，再按预定路线运动。如果在返回途中，还未到达已知站立点之前，已判定出站立点，则可按纠正"走错路"的方法，取捷径回到预定的最佳路线上去。

二是登高法。当确认实地位置与最近已知站立点距离较远时，用"回头法"会耽误更多的时间，这时可选择通视较好、地势较高的位置，根据与已知站立点的距离、概略方向，结合地图与实地对照，确定站立点的图上位置，然后选择新的运动路线，向预定目标运动。

三、检查点上的动作

1. 检查点的"捕捉"

在定向越野比赛时,准确通过各检查点是评定比赛成绩的基础,能否一次"捕捉"成功又关系到比赛的速度,"捕捉"检查点主要有以下方法:

(1)定点攻击法:如检查点设在明显高大的地物、地貌点上或一侧,运动时先找到这些明显点的实地位置,然后根据检查点与明显地物、地貌点的相对方位、距离寻找检查点。如图 8-10 所示,第 7 号检查点设在独立房的东侧土坎下,运动时先找到独立房,再找检查点就十分容易了。

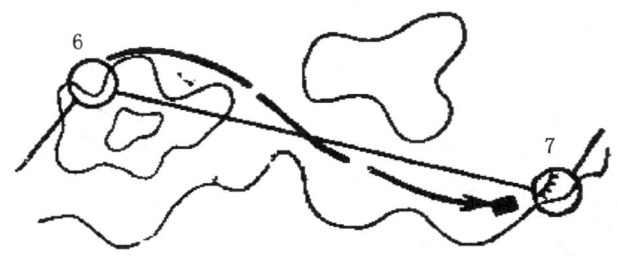

图 8-10　定点攻击法

(2)有意偏离法:当检查点设在线状地物上或一侧且运动方向与线状地物的交角较适宜时,可有意向左(或向右)偏离检查点,以该线状地物为攻击目标。运动到该地物时,再向右(或向左)沿线状地物寻找检查点。如图 8-11 所示,第 8 号检查点设在高压线下一侧,先有意偏离运动方向向左运动,运动到高压线下后,再向右沿高压线寻找第 8 号检查点。

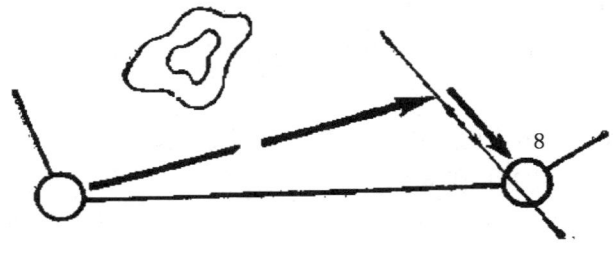

图 8-11　有意偏离法

(3)距离定点法:在地势较平坦、无道路、植被较多、观察不便的地域内寻找检查点,一般采用"距离定点法",具体方法同"指北针定向法"。

(4)地貌分析法:地貌有一定起伏,检查点设在低小地物附近时,采用"地貌分析法"寻找检查点比较理想。主要是根据地图上检查点与地貌的关系位置,分析出实地两者相对应的关系位置,并依据这种关系位置来寻找检查点。如图 8-12 所示,寻找第 9 号

118

检查点之前,首先运动到检查点西南山顶,在山顶位置通过地图与现地对照,判定出检查点所在的山背,然后沿山背下山寻找石碑,即可发现第9号检查点。

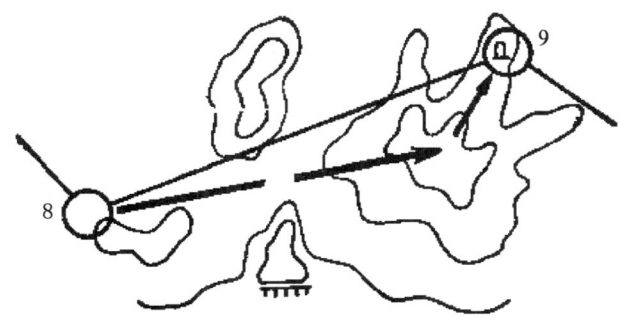

图 8-12　地貌分析法

2. 注意事项

(1) 接近检查点之前,要在地图上分析、确定下一段最佳运动路线,并熟悉路线两侧的主要地形。目的是减少在检查点的停留时间,保证自己能作连续运动,避免为他人指示目标。

(2) 发现检查点,不要盲目"作记"(打卡),而要看清该点标上的代号是否与检查点说明卡上注明的代号相符,因为在一定范围内可能设置多个检查点,参赛时必须注意。

(3) 一次"捕捉"检查点不成功时,应选择合适位置确定站立点,分析自己是否偏离了运动方向。确认偏离了运动方向,应按迷失方向的方法处理;确认自己只是局部误判,应在明确站立点之后,再次"捕捉"检查点。

四、终点的动作

找到最后一个检查点后,应依据已选最佳路线,加快速度向终点运动,接近终点时作最后冲刺。到达终点后,立即到终点作记(打终点卡),将检查卡交给收卡员,如规定收缴地图和检查点说明卡,应连同检查卡一同交给收卡员,并迅速离开终点区。

☞复习思考题

1. 野外辨别方向有哪几种方法?
2. 如何熟练使用地图和指北针?
3. 常见地形上的越野跑技术要领有哪些?
4. 选择比赛路线有哪些基本原则?
5. 起点、运动中、检查点、终点的基本动作要领有哪些?
6. 寻找检查点有哪几种基本方法?

第九章　定向越野训练

定向越野训练是开展定向运动的重要环节。在参加定向比赛前组织好训练，有助于选拔和培养优秀运动员，提高定向水平，取得较好的成绩。定向越野训练包括运动员的体能、技能和心理素质训练等。

第一节　定向运动教练员的训练

一、教练员应具备的素质

（1）热爱定向运动，要为该项运动的开展、普及和水平的提高作不懈努力和奉献，要具备一定的敬业精神。

（2）要具备精深的专业知识，要了解地形学、教育学、运动训练学、运动医学等方面的有关知识。

（3）要具备良好的身体素质，有较强的运动能力，特别是野外地形上的奔跑能力。

（4）要具备一定的社会活动能力和外语水平，能经常与国内外同行联系、交流，有广泛的信息来源。

（5）要具备爱心，爱护队员，关心他们的学习及生活；同时必须具有热爱自然、保护自然环境的意识，在野外的训练、比赛中杜绝污染自然环境。

（6）要有较强的组织能力。

二、训练计划的制订

（1）以定向比赛规程（通知）为依据，充分了解比赛的级别、项目和要求，以便针对参加比赛内容制订计划，开展定向训练。

（2）了解已选拔的运动员的基本素质，对新选拔的运动员要考虑从基础知识入手进行训练；对已参加过定向比赛的运动员要了解他们以往参赛的有关情况，考虑定向水平的不断提高。

（3）合理安排训练内容和时间，把握各阶段侧重点。通常情况下体能训练在前期所占时间要多，而技能训练则在后期占的时间比重大。

（4）训练计划要坚持循序渐进的原则，提高综合定向水平。可以安排模拟比赛训练，重点强调训练效果。创造条件多在不同类型的地形和不同难度的路线上训练。

（5）训练计划的制订要考虑其他因素，如自然环境、气候等，必要时可提前1~2天到达比赛地，以使运动员适应当地的气候条件。

第二节　定向运动运动员的训练

一、运动员应具备的素质

（1）身心健康，爱好运动，具有长时间奔跑的能力。
（2）品德高尚，意志顽强，能吃苦耐劳。
（3）性格开朗，思维敏捷，反应迅速，独立性强。
（4）谦虚、善思考，既要尊重教练的指导，又要有灵活主见。
（5）热爱集体，组织纪律观念强。

二、运动员体能训练

1. 越野跑能力的培养

根据定向越野运动的特点，比赛距离较长，比赛线路上地形复杂多变，必须培养运动员连续跑、变速跑的综合能力。

（1）连续跑能力的培养。定向运动员必须有较好的长跑基础和良好的速度感、距离感。训练方法：一是让运动员在规定的距离上反复跑。比如进行3000米跑，记录每次跑完的时间并告诉队员，让队员把成绩与奔跑时的速度进行比较反复练习，直至队员跑完3000米后所估计的时间与教练手中秒表所计的时间相差不大，在某时间区域内相对稳定；二是定时跑，采用12分钟定时跑，只要队员跑够2400米，2分钟400米，不能快不能慢。记住2分钟400米的速度感觉。先在田径场进行基础训练，再到野外进行反复训练，达到使运动员能根据手表所示时间，确定所跑的距离。

（2）变速跑能力的培养。定向越野比赛中运动员应根据实际情况采用变速跑的运动方式，要练好变速跑，关键在提高心肺功能。训练时采用100米快速，100米慢速；最后50米快速，50米慢速。把调整期逐步缩短，使有氧训练和无氧训练有机结合起来，使心肺适应这种快速转换的过程。再进行距离和速度无规律的训练。例如：800米中速——50米慢速——100米快速——300米中速——1000米慢速——50米冲刺。

（3）综合训练。在定向越野比赛中路况瞬息万变，需要运动员有较强的身体素质，较好的柔韧性，灵活的应变能力。通过如：俯卧撑、立定跳、沙坑纵跳、简单的体操训练、攀爬训练、翻越障碍物训练等。还可根据实地情况进行山地、草地、沼泽地的奔跑训练。

2. 野外跑的训练

（1）山地上下坡训练：上坡时，上体前倾，腿高抬；下坡时上体后仰，步幅要小。
（2）草地：杂草地带，腿要抬高，以免绊倒，如有砍柴的痕迹，落脚时要小心，速度减慢以免受伤。
（3）空旷地：乱石较多，在奔跑时不能踩实，移脚要迅速，并控制好身体重心。
（4）水网稻田地：遇到干沟时，应根据自己弹跳能力，选择跃过或沟底通过；遇水沟时，如果窄就跃过，如果宽就蹚过，蹚水时不能光脚，避免扎伤。

三、运动员定向技能训练

定向技能训练内容可分为识图训练、用图训练和模拟定向比赛训练

（一）识图训练

定向运动的识图训练是在基本掌握地形学知识的基础上进行的，是对地形学知识的进一步学习和巩固。通过识图训练使运动员提高快速读图能力和利用地图判定地形的能力。定向识图训练的方法有以下几种：

1. 对定向运动图地物地貌识别的训练

针对定向运动地图的特点，在图上开展作业。要求运动员学会判定地貌的起伏、高差、坡度和简单的通视度等；学会识别地物符号，区别定向越野图和军事地形学不一样的符号。熟记国际定联规定的统一定向图符号。

对定向运动图地物地貌识别训练的方法：一是通过运动员阅读定向图，牢记地图符号。二是实施图上作业，在标有路线的图上让运动员独立完成越野路线上每段路实际距离的估算量，读出各点间的方位角等。三是进行记图训练，让运动员看几分钟地图，然后凭记忆描述越野路线上的地形和具有特征的地物。

2. 检查点说明符号的识别训练

对国际定联规定检查点说明符号，一定要记住，这样才能在野外寻找目标时运用自如，对说明符号的识别训练可采用以下方法：一是浏览全部检查点说明符号，让运动员从各类符号中独自寻找规律，帮助记忆。二是抽测运动员掌握情况，特别是符号相近相似的，一定要区分含义。三是多做说明符号的解释练习，可将比赛和训练中使用的地图作练习。

3. 利用堆积简易沙盘进行地图立体形象训练

（二）用图训练

用图训练是在野外进行的一种技能训练。根据内容可分为运动中的方向（或标定方向）训练、运动中的站立点和目标点确定训练及现地对照训练等。

1. 运动中的方向训练

使运动员在野外具有方向感，快速标定地图。运动中的方向判定训练方法：一是利用指北针在简单的地形上进行方位角行进训练，提高运动员的方向感和距离感。二是利用地图在不能以直线越野（行进）两点间的练习，在绕行过程中，检查运动员的方向距离掌握情况。

2. 运动中的站立点和目标点确定训练及现地对照训练

（1）标图训练法：教练员带领运动员到野外多种地形上的某个地点停下，要求运动员在图上标定该站立点在图上的位置。

（2）记图训练法：将定向图放在检查点上，让运动员在检查点上看图，要求运动员根据记忆越野至下一个检查点。运动员跑错了必须跑回前一检查点看图并重新越野至下一检查点。

（3）描绘地形训练法：将标绘有定向路线的空图（没有地物地貌符号）发给运动员，由教练带领越野，运动员将越野过程中的地物地貌标绘在空图上，然后与定向越野图对照，教练讲评。

3. 用图训练中的注意事项

用图训练必须根据场地的地形条件和运动员的定向技能水平等情况进行，训练中要采取循序渐进的方法，由易到难，特别是对初学者，要把握让其能够接受的原则，逐渐提高运动员的能力。

各种方法可以交替进行，但必须采取复次记忆的办法，即在同一地点同一路线训练二次，帮助运动员加深印象。

训练用图的现势性不同于比赛用图，如使用比赛后的地图、代用图、素图进行训练，对于地图与现地有差异之处，可让运动员自己去发现、纠正，从中提高使用地图的能力。

在用图训练中，教练员可在相似的地物地貌处有意识地将点标放偏差，让运动员去发现和纠正，锻炼他们的判断能力。但必须安排在运动员具有一定技能之后，否则会起到反作用。

（三）模拟定向比赛训练

模拟定向比赛训练一般安排在野外定向训练一段时间后进行。通过模拟定向比赛训练，使运动员的定向技能得到全面提高，为运动员参加比赛打下良好的基础。模拟定向比赛训练既是综合性的定向技能训练，也是对运动员定向水平的检测。

1. 模拟定向比赛训练中，运动员必须把握的原则

选准最佳越野路线，坚持"有路不越野、走高不走低、就近不就远、遇障提前绕"的原则；做到"人在地上走，心在图上移"；要求充分利用点标说明，快速捕捉检查点。

遇特殊情况要冷静处理。发现自己走错了采用登高法、回头法等进行处置；在越野过程中受伤了，则必须设法与就近工作人员联系，采取措施解决。

2. 组织模拟定向比赛时要注意的事项

必须根据运动员掌握的定向技能水平来考虑相对应的地形区域和路线设置，切忌采用难度过大的路线，以免人员走丢而影响训练；尽可能地考虑运动员综合定向技能的提高，将布点的机会让运动员轮流担任，既可减轻教练员的工作，又可提高运动员的技能（准确设置好检查点，也是提高定向技能的一种训练方法）。

（四）运动员参加比赛时的注意事项

（1）出发前，必须保持良好的心理状态，切忌急躁、紧张等情绪，任何不稳定情绪都会影响正常水平的发挥，影响比赛成绩。

（2）做好充分的运动准备工作，利用在起点待发区的间隙活动身体，防止猛烈运动导致身体不适或扭伤。

（3）出发取图后，不要盲目跑。先判定方向、大致路线的走向、终点方位等，抓住地形主要特征快速进行图与地的对照，快速选定出发点至1号点的路线。根据判断的大致距离和难易程度分配好自己的体力，快速出发。

（4）在运动途中，要"充分利用别人而不能被别人所利用"，发现对手跟踪要设法摆脱，发现其他运动员行踪不能盲目跟进，经判断是正确时，才可迅速前进。

（5）捕捉检查点时，要细心而果断。做到接近时速度放慢，以防错过找点，而离开时动作要迅速，以防被他人当做目标。打卡时一定要核对点标代号，一旦发觉错点时，不能慌张，重新判定位置捕点。坚决杜绝丢点、漏点的现象发生，以防成绩无效。

（6）遇到特殊情况处置要得当，如果发现越野路线错了，可以按照所学的知识迅速

处置，不要轻易怀疑地图出错，切莫存侥幸心理而冒险行事，否则后果不堪设想。

（7）定向比赛是对手间相互不见激烈对抗的赛场，有别于田径场竞争对手就在身旁的比赛。运动员在比赛中累了渴了也不能松懈，因为其他运动员一直在努力，到了终点也许会发现对手比你快一秒钟，这时你会感到非常遗憾。当找点遭受挫折时也不能气馁，因为别人也会受挫折。在团体赛或接力赛中，如一人没有坚持下去，则会导致全队覆没。所以，必须清楚定向比赛的直接对手就是自己，要做到整个赛程始终如一，坚持到最后。

四、心理素质训练

（一）运动员心理素质训练的意义

运动员的心理训练，是现代运动训练的重要组成部分。通过定向心理素质训练，使运动员学会自我调节心情，能够承受各种心理压力，达到稳定的心理状态，使其在比赛中竞技水平得到正常发挥。

（二）运动员的心理素质训练内容

（1）培养运动员的良好个性特征。
（2）培养运动员的良好动机。
（3）培养运动员的良好态度。
（4）培养运动员的良好意志品质。

☞**复习思考题**

1. 教练员应具备哪些基本素质？
2. 制订一份简要的定向越野训练计划。
3. 如何选拔优秀的定向越野运动员？
4. 怎样才能训练出优秀的定向越野运动员？

第十章　定向越野比赛场地及路线设计规则

第一节　比赛场地的选择和设置

一、比赛场地的选择

定向运动是一项较复杂的综合性运动，是检验定向运动员综合能力的体育运动。定向运动比赛不同于其他运动比赛需要专门的场地，是直接利用野外自然地形做赛场。但是，自然地形的种类很多，如平原地、丘陵地、山地、山林地、草原地、沙漠地等地形。选择比赛场地是组织定向运动比赛的前提和基础。

一场高水平的定向运动比赛直接受制于比赛场地选择的好坏，是能否检验参赛运动员水平的尺度，同时也反映出比赛组委会及承办单位组织大型比赛的能力。那么，根据定向运动的内容及其特点，定向运动比赛场地应具备以下几个条件：

1. 比赛场地要适合定向运动的内容及特点

定向运动是运动员凭借对地图的识别和使用能力为基础的运动。这就要求比赛场地能体现定向运动员识图、用图的水平及定向技能高低，地形、地貌要相对复杂，有一定的难度，运动员必须识图、按地图行进。

（1）定向运动是依据组织者预先设计在地图上和实地中的检查点来进行比赛的。这就要求比赛场地有现势性较强的地形图，图上的地貌和地物符号与实地地貌、地物一致。

（2）定向运动员要凭借地图和指北针，独立完成寻找标绘在地图上的若干个检查点。所以，比赛场地应有足够的遮蔽物，有一定的森林覆盖，通视效果有限，使众多的运动员在场内疏开，避免运动员相互接触研究和跟随跑。

（3）定向运动比赛运动员要用最短的时间跑完全程。那么，比赛场地应体现运动员的奔跑速度，场地中的密灌要少，林中可以穿行，地表面覆盖物可以踩。

2. 比赛场地要能检验定向运动员的综合水平

定向运动不同于田径场上的运动，不同于登山运动和越野长跑，它集这些运动为一体，再加上运动员的地形学知识及运用能力。要求运动员能够独立地分析判别地形、地貌。在地图上选择自己的行进路线，还要求运动员在规定的时间内，利用手中的工具判定方位，标定地图，确定站立点与目标点，按地图行进。根据以上这些技能和比赛所规定的距离和完成的时间，选择的场地应能够检验定向运动员的综合水平：一是识图、用图的水平；二是选择行进路线的水平；三是奔跑越野的水平；四是捕捉检查点的水平。五是翻山越谷的能力。这样，比赛场地最好选择在中等起伏的丘陵地形，且高差在100米之内，地形细部丰富，地貌起伏明显，地物较多，森林覆盖场地面积达70%左右，如是山地可使用山的上部或下部，高差还应在100米之内。总爬高量为比赛总长度的4%之内。

3. 比赛场地要体现参赛运动员的公平竞争

为了使参赛的运动员都能平等、公平地竞争，选择的比赛场地对所有的参赛人员都应该是陌生的，防止运动员因熟悉场地而明显获得好处。场地经确定后，应严格保密，除少数场地工作人员外，一切与赛会有关的其他人员均不得在赛前进入场地勘察和训练，一切与场地有关的工作，如修测、制图、路线设计必须秘密进行。而且经比赛后的场地3年内不得组织大型的定向运动比赛。

4. 比赛场地应避开有危险的地带

为了保证定向运动员的安全，定向运动比赛场地的选择要避开比较危险的地形：如陡崖较多、冲沟较深且比较隐蔽的地形。避开山林地中密灌丛生且毒蛇、毒蜂较多的地形；避开有猛兽出现的地带；避开养犬较多的居民地，也就是尽可能避免定向运动员的意外伤害。

5. 比赛场地的起、终点应有较大的开阔地。

为了使定向运动比赛有秩序地进行，而且能容纳众多的运动员、教练员、观摩人员及工作人员，场地的起、终点应有较大范围的开阔地。

二、比赛场地的设置

定向运动的比赛场地由出发场地、比赛场地、终点场地三部分组成。分别由起点裁判组、场地裁判组和终点裁判组负责。裁判长情况如图10-1所示。

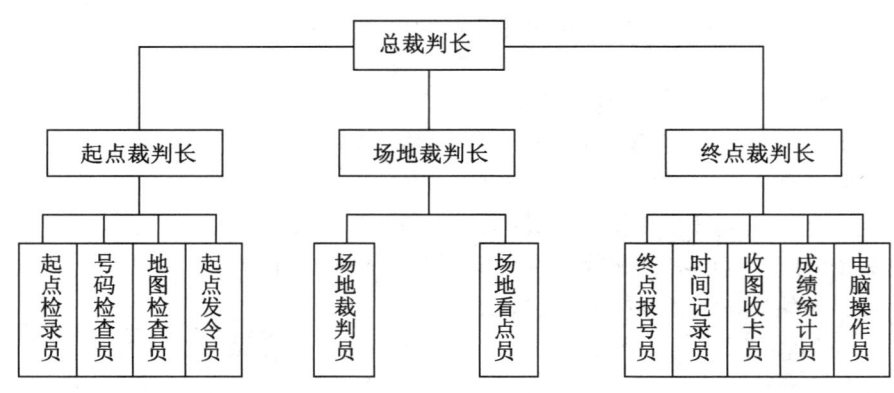

图10-1 裁判长情况

1. 出发场地（起点）

出发场地内应设有出发区、候赛区、观摩区。出发区纵向一般为三格，第一格就位，第二格准备，第三格待发。横向通道数量视比赛项目的多少而定（还应加一迟到者通道），通道方格边长一般为1.5米，如图10-2所示。

方格可用石灰画出。出发场地应设置的器材有：横幅、时间显示器、发音器、图箱、通道绳、桌椅等（如使用电子打卡器，应备电脑、打印机、打卡器及电子卡座）。

候赛区可设在出发区后侧，观摩区设在出发区的一侧。应设置写有赛会名称的条幅，

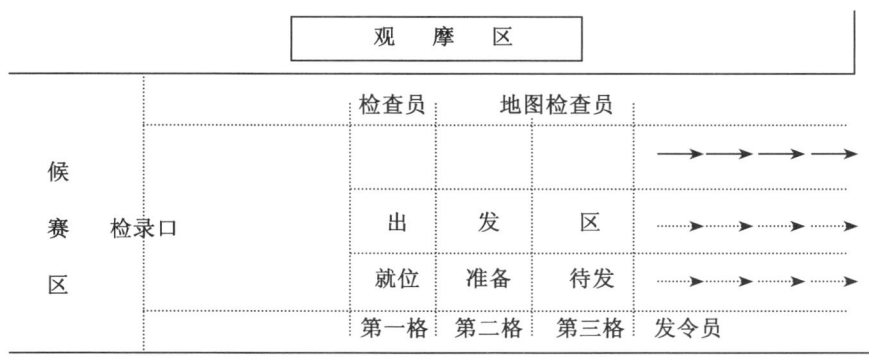

图 10-2　出发场地示意图

广播器材，观众席等。

2. 比赛场地

比赛场地是检验定向运动员综合水平的场地，比赛场地应在比赛前数天结束全部测绘、制图等环节，比赛前一天应根据比赛场地的全点图将场地的全部检查点勘察完毕并标上记号（如场地裁判设点员水平较高可不用记号），至少在比赛的前一天将点标、打卡器分配完毕，并制作检查点说明，准备好各路线检查点的标准卡，详细记录在案。

为了防止丢失或泄密，点标的设置一般在比赛当天赛前设置完毕。点标可采用就便悬挂和植桩悬挂两种方式，高度应视地形条件而定，但距地面最高不应超过 1.2 米（见图 10-3）。点标处应有看点员，但位置要隐蔽，不得客观上为运动员提供便利。如条件允许，可在预定位置开设饮料站和救护站。场地裁判长应随时掌握赛场内的情况，及时处理场内所出现的情况，重大事项可立即报总裁判长。

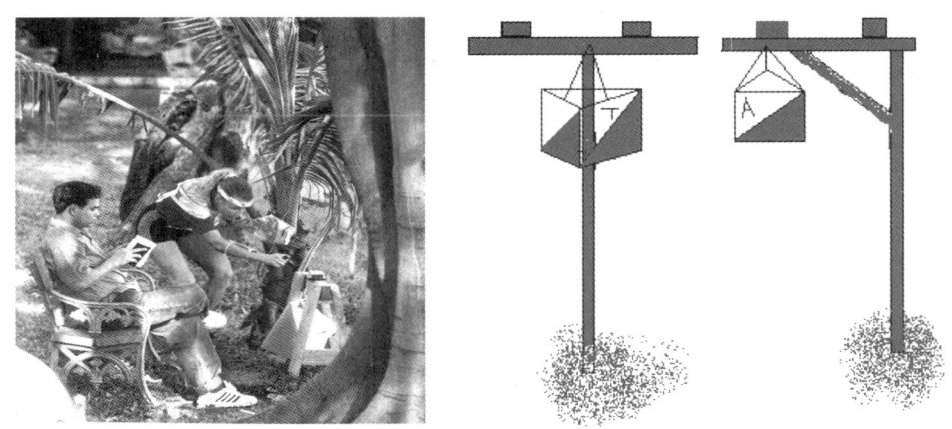

图 10-3　比赛场地中的点

3. 终点场地

终点场地是记录和统计定向运动员比赛成绩的场地。终点场地内应设有终点区、观摩区、休息区。终点区通道用通道绳围成喇叭形,终点线处宽不得超过 3 米(如使用电子打卡器,可设多条通道)。终点线朝运动员归来的方向应保证通视良好。终点横幅应醒目,以便运动员在远处能够清楚地看到终点的位置。终点区内应设有计时器、图箱、记录表格、桌椅等(如使用电子打卡器,还应备有电脑、打印机等)。终点观摩区、休息区应设在终点区的一侧,观摩区应设有成绩公布栏和投诉处。休息区内应设医疗、饮水、休息等设施(见图 10-4)。

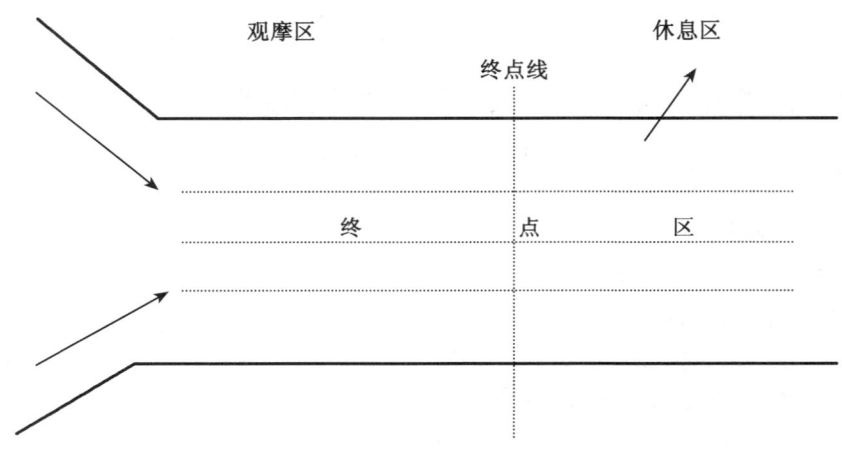

图 10-4 终点场地点标示意图

第二节 比赛场地的路线设计

一、比赛场地的路线设计

路线设计是定向运动比赛的关键,路线设计的好坏直接影响运动员的水平发挥和整个赛事的成绩,也是对裁判员队伍的定向运动水平考核,所以路线设计必须认真、严谨,充分利用比赛场地的地形、地貌细部。定向运动比赛场地的路线设计以起点、检查点、终点构成基本骨架。当起点、终点同设一处时,可设计成闭合型;起点、终点各设一处时,可设计成蛇形或弓形(见图 10-5)。

1. 起点

起点是定向运动比赛时运动员的出发地。应该设在地形平坦,面积较大,保证有足够的容量,地势较低,遮蔽较好的地方,起点内不应通视赛场地形、起点与第一检查点之间应有足够的遮蔽物,保证运动员在离开出发位置后很快消失,防止后面的运动员跟随。起点应保证人员、物资、车辆进出方便。

2. 路段

路段决定整个比赛路线的质量。点与点之间路段设计应本着既适合运动员运动技能的发挥,又具有路线可选择性的原则。即在同一路段上有两条以上可供运动员选择的行进路线,行进路线的可选择性迫使运动员独立思考,认真利用地图判断地形,分析利弊,根据

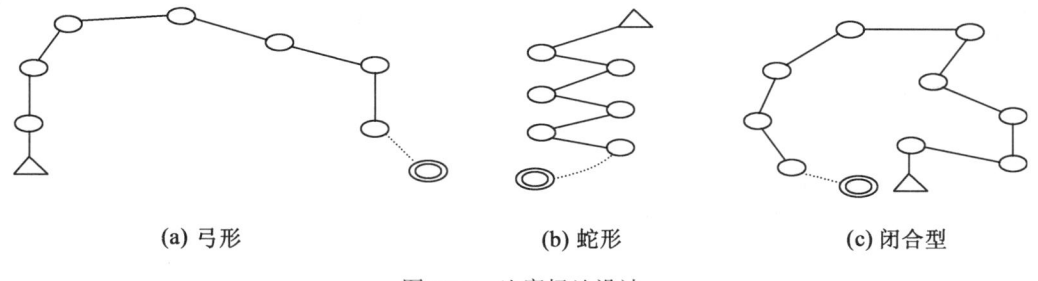

(a) 弓形　　　　　　　(b) 蛇形　　　　　　　(c) 闭合型

图 10-5　比赛场地设计

自己的体能、技能作出抉择，使众多的运动员在场内疏散，避免出现随大流集群跟随跑的现象，充分体现定向运动不仅是体能竞争，更重要的是智能和技能的竞争，行进路线的可选择性使比赛更具竞争性、技巧性。检查点之间路段设计长度可根据地形、地貌而定。一般为 500 米到 1000 米，特殊情况可根据地形情况酌情增减。

3. 检查点

检查点是设置点标的位置。一般一个检查点既是上段路线的终点，又是下段路线的起点。因此，检查点既是运动员到达指定点位置的基本证据，又起到提供明显站立点的作用。确定检查点的原则：一是根据路段需要确定检查点位置；二是检查点必须确定在图上有相应地貌及地物符号的小地貌及地物上；三是检查点附近可成为该点辅助目标，地物（地貌）的图上位置同样应该准确；四是前一名运动员在该点作业时不被后续向该点运动的运动员发现而客观上提供帮助；五是在全赛区内，相邻两检查点除非地形细部有明显区别，否则其间隔不得小于 100 米。

4. 终点

终点是运动员结束比赛的位置。终点与起点可设在同一场地内，也可单独设置。最后一个检查点至终点间的路段应比较简单，以便能使运动员从同一方向跑回终点。终点必须空旷，视线良好，便于裁判人员工作和观众参观。

5. 全程路线的长度及爬高量的设定

全程路线的长度应视运动员水平、性别、年龄和比赛预需时间而定。国际定联规定，女子 W21 约 9 千米，预计完成时间为 60 分钟，男子 M21 为 16 千米，预计完成时间为 85 分钟，国内比赛可根据具体情况参考上述规定来确定。

路线的总爬高量：国际定联规定，最佳路线的总爬高量不应超过总长度的 4%。国内比赛可视具体的地形条件参考上述规定设计。

路线的设计要求：全部路线设计关系到全场比赛的水平和比赛是否公正，所以，路线设计要求：

（1）要保证运动员沿设计路线的顺序前进，不可因穿插找点而缩短运动距离，使运动员从中获得好处。

（2）多组比赛路线设在同一场地时，各路线之间应尽可能不共用检查点，如果因条件的原因需共用点时，应考虑各路线运动员在到达或离开该点时是否会互相利用，是否会造成在该点打卡时拥挤。

（3）为了防止比赛中出现跟随跑，而使部分队员获得好处，应该考虑检查点设置一点多标，但必须在地形细部上有区别，检查点说明也应标明。总之理想的路线设计应该是运动员在某段偶然相遇时，客观上一般不能互相帮助。

6. 饮料站、救护站

在长距离、高难度正规比赛时，应该在路线全程过半位置设立饮料站和救护站（在某个检查点附近），但应在检查点说明中说明。

7. 路线在图上的标记

（1）起点——等边三角形符号，边长 7 毫米，三角形的一个角必须指向第一个检查点的方向（见图 10-6）。

（2）检查点——圆圈符号，直径 5~6 毫米，检查点应按规定顺序编号，在不影响运动员读图的情况下编号可垂直写在圆圈南侧（见图 10-7）。

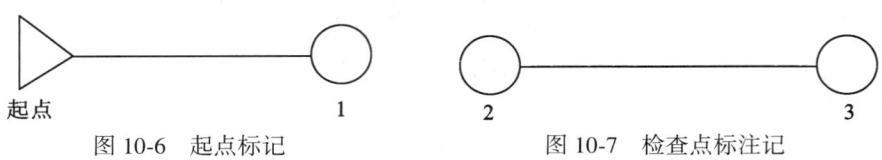

图 10-6　起点标记　　　　　　图 10-7　检查点标注记

（3）终点——两个同心圆符号，直径分别为 5 毫米、7 毫米（见图 10-8）。

（4）所有图形的中心应是该点的准确位置。点与点之间按顺序用直线连接，不允许运动员选择的必经路线应准确地用虚线在图上标示（如最后一点至终点，见图 10-9）。

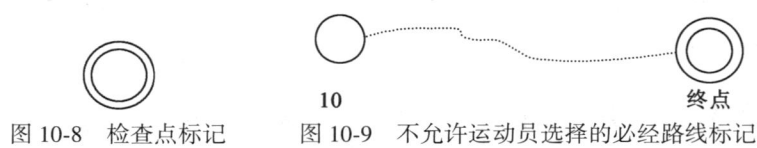

图 10-8　检查点标记　　　图 10-9　不允许运动员选择的必经路线标记

（5）如遇重要地物时，直线应断开，标记要清晰醒目，一般用透明紫红色，严格与地物、地貌符号颜色区分开。

（6）由于危险或其他原因而禁止进入的区域应用斜晕线表示，禁止通行的道路应标上交叉线（×）。上述符号颜色与比赛路线颜色一致。

二、接力比赛的路线设计

1. 设计路线的原则

同一个接力项目，参赛各队所跑的全部路线是等同的，各接力队运动员以同一方向同一次数完成等量的总路线，只是完成路线或路段的先后顺序不同。

为了更好地体现接力赛激烈竞争的特点，无论何种路线构成，从一个点上的分叉的不同路线都应尽量靠近些，各路段或路线的用时也应尽可能接近，这就需要有丰富细部的地形和高质量的地图。

2. 接力比赛的路线设计

（1）路线交换法：设置的路线的条数应与接力队运动员的人数相等，每条路线不一定要有数量相同的检查点，在靠近出发点、终点处，应有一到两个供全部路线共用的公共检查点（见图 10-10）。

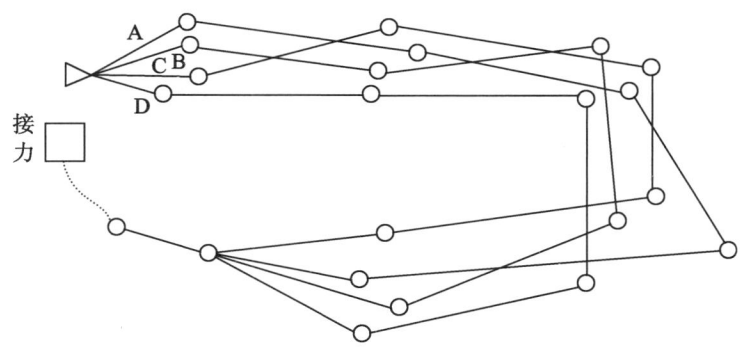

图 10-10 路线交换法示意图

如果每个接力队只有 3 名运动员，则只能设计 3 条路线，就只有 6 个可能的组合，但可采取分组分时出发法。

这种方法适合用于 4 人接力赛，图上 A、B、C、D 4 条路线可构成 24 种不同的路线组合（见表 10-1）。每一个组合供一个接力队用，每个运动员完成一条路线，各队依不同顺序完成路线，当接力队超过 24 个，有一部分接力队的路线组合会重复。可用表 10-2 所示 48 个队的路线组合，4 个组为一个变化组。

表 10-1　　　　　　　　　　　　24 种路线组合

组合	接力顺序	变化组	组合	接力顺序	变化组
1	ABC		7	ABC	
2	BCA	一	8	BCA	一
3	CAB		9	CAB	
4	ACB		10	ACB	
5	BAC	二	11	BAC	二
6	CBA		12	CBA	

表 10-2　　　　　　　　　　　　48 个队的路线组合

组合	接力顺序	变化组	组合	接力顺序	变化组
1	ABCD		25	ACBD	
2	BCDA	一	26	CBDA	七
3	CDAB		27	BDAC	
4	ABC		28	DACB	

续表

组合	接力顺序	变化组	组合	接力顺序	变化组
5	ABDC	二	29	ADBC	八
6	BDCA		30	DBCA	
7	DCAB		31	BCAD	
8	CABD		32	CADB	
9	ACBD	三	33	ABCD	九
10	CBDA		34	BCDA	
11	BDAC		35	CDAB	
12	DACB		36	DABC	
13	ACDB	四	37	ADCB	十
14	CDBA		38	DCBA	
15	DBAC		39	CBAD	
16	BACD		40	BADC	
17	ADBC	五	41	ABDC	十一
18	DBCA		42	BDCA	
19	BCAD		43	DCAB	
20	CADB		44	CABD	
21	ADCB	六	45	ACDB	十二
22	DCBA		46	CDBA	
23	CBAD		47	DBAC	
24	BADC		48	BACD	

（2）路段交换法：这是一种采取分叉的方法来确定一个接力队中各个运动员所跑路线不尽相同的方法。路线在一些点上分叉成 2 条或 3 条支线，在一些点上又汇集到一个共同点上（见图 10-11）。

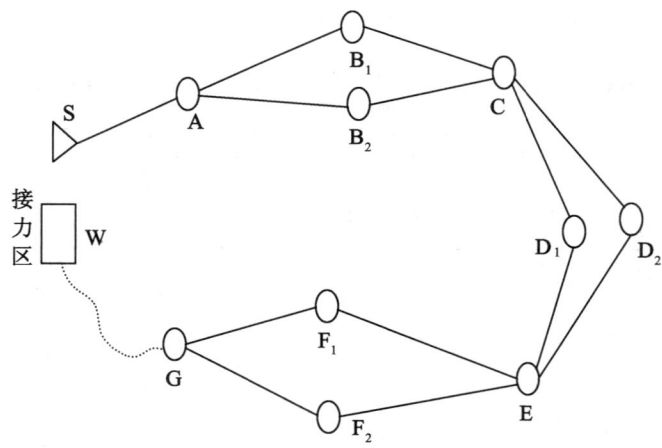

图 10-11 路段交换法示意图

这些变化的路线中每一种路线都又有一种与其对应的完全相反（每个分叉点后使用不同支线）的路线，见表10-3。

表10-3　　　　　　　　　　　　变 化 组 合

变化组号	变化组合
1	S-A-B1-C-D1-E-F1-G-W
2	S-A-B1-C-D1-E-F2-G-W
3	S-A-B1-C-D2-E-F1-G-W
4	S-A-B1-C-D2-E-F2-G-W
5	S-A-B2-C-D1-E-F1-G-W
6	S-A-B2-C-D1-E-F2-G-W
7	S-A-B2-C-D2-E-F1-G-W
8	S-A-B2-C-D2-E-F2-G-W

路段交换法路线变化的数量（v）取决于分岔点（n）的多少。如图10-10所示，A、C、E三个分叉点，则有8种变化的线路。如有4个分叉点则有16种变化的路线，有5个分岔点就有32种变化的路线。

（3）部分路线交换法：这种方法具有前两种方法的特点，可以排列出比路线交换法多得多的线路组合。但由于在图上设计较前两种复杂，如不是超大型比赛，可不采用此种方法。

三、设计路线应注意的问题

（1）各路线的路段设计必须保证运动员在检查点间做个人行进路线选择时有多种选择，以充分发挥其智能；总体路线设计应保证运动员有一小部分时间跑在一起，大部分时间分散找各自的检查点，运动员在奔跑途中经常相互看见，促使发挥最大体能，使竞争氛围紧张、激烈。

（2）检查点的设置应使运动员感到并不特别容易寻找，距离较近的几个检查点必须选用不同特征的地形，检查点代号标志应区别明显。

（3）个人完成路线的长度，难度尽可能接近，使每个运动员为本队所作贡献大小接近，也能使观众容易跟上比赛的进度。

（4）必经路线，尤其是在出发点后必经路线尽可能短，使同段运动员不会通过观察发现对手的路线组合。

参赛队较多，应采用路段交换法路线或分批出发，以免出现队员跟随跑的情况。无论采用何种路线，最后一个检查点应为共用的检查点。路段交换法最后一个接力段还可延长一个或多个检查点。

☞**复习思考题**

1. 定向运动比赛场地应具备哪些条件？
2. 定向运动比赛场地应如何设置？
3. 定向运动比赛场地路线设计各环节上有哪些要求？
4. 定向运动比赛场地接力路线设计的原则及方法是什么。
5. 定向运动比赛场地路线设计应注意哪些问题？

第十一章 定向越野赛事组织

定向运动根据不同项目、不同级别、不同规模的比赛，所需条件不尽相同，组织方法也不完全相同，但基本程序大体相同。组织比赛应依据目标、人力、经费和季节有计划地进行。本章对一般定向运动比赛作介绍。

第一节 定向比赛的筹备

第一，提出初步设想。初步设想应包括：比赛的目的、比赛的时间、地点、规模（运动员限额）、经费来源等。提出初步设想的主要依据是定向运动组织机构的计划、配合国内外重大比赛赛程的需要、本组织负责人或其他人员的建议等。

第二，成立筹备小组。筹备小组至少应由下列人员组成：筹备组长、技术委员、地图委员、裁判委员和会务委员。

（1）筹备组长：主要工作有筹备组成员的选择与分工；拟定总体计划；审批其他委员的计划和预算。因此，在小组中他应该比别人具有更多定向运动比赛的知识与经验。

（2）技术委员：是对比赛的组织程序、比赛路线的标准相当熟悉并具有定向越野教学经验的人员。

（3）地图委员：由精通地图设计、测量、制印的人员担任。

（4）裁判委员：由具有丰富的竞赛裁判工作、组织工作经验的人担任。

（5）会务委员：是多面手，不仅擅长对外联系的工作，并且能够有条理地安排一切与比赛活动有关的保障工作。

筹备小组一成立，上述各委员应在初步设想的基础上立即着手制订本职工作的计划。

第二节 定向比赛前的准备

（1）筹备组长：指导全面工作，检查工作质量，督促并协助各委员的工作，以便保证计划的落实。

（2）会务委员：掌管经费的收支，编制报名登记、活动日程等表册；发出比赛通知、邀请、规程等材料；联系并安排交通与食宿。

（3）技术委员：拟制比赛规程，设计、勘察比赛路线，设计、印制检查点说明表。如果需要，还应及时领导其他委员开设识图用图训练的课程或组织定向越野练习比赛等。

（4）地图委员：组织地图的设计、测量、绘图和制印的工作。如有必要，还应参加由其他委员组织的各种训练或会议，负责这些活动中有关地图的各种事项。

（5）裁判委员：协助或代表筹备组长检查地形、地图、路线的质量并监督保密的情况，设计用于比赛的检查卡片、成绩统计表、成绩公布栏等，进行比赛编排、抽签的工作，准备号码布、点标、起终点设备。

（6）如果需要，还应由筹备组长安排新闻报道和奖品、宣传品的设计与制作的人员或小组。

第三节 定向比赛中的组织

在比赛阶段，由于工作重心已经转移，组织工作也应有相应的变动。通常是以筹备小组的各成员为主，组成下列机构：比赛领导小组、裁判组、记录公告组、保障组。

（1）比赛领导小组：由上述各组负责人并吸收一些特别代表参加，如部门首长、运动队领导、比赛赞助单位代表等。在比赛开始前，了解比赛的准备情况；在比赛中掌握比赛的进度；在比赛后受理对比赛的诉讼并做出仲裁，颁发奖品等。

（2）裁判组：裁判组在比赛中的作用至关重要，比赛的开始与结束是否顺利、检查点位置是否正确、比赛的成绩是否准确以及整个比赛能否公正，这一切都取决于裁判组全体人员的共同努力。因此，对裁判组的人选、工作开展情况应予以特别注意。

一、裁判组主要成员的工作分工

（1）裁判长即裁判组组长。领导整个比赛过程的裁判工作，代表裁判组参加领导小组的活动。裁判长工作重点是：

①比赛前确定检查员执勤的位置并带领检查员按基本图准确设置检查点；

②受理裁判人员对犯规运动员的指控，并决定处罚办法；

③登记、处理运动员对比赛组织工作的指控、对自己失误的说明、提出的请求等。如果涉及重大问题，应与其他领导小组成员协商处理；

④与成绩验证人、检查卡验证人一道，审核运动员的成绩供公布使用。

（2）检录员：检录员负责出发区的领导工作。工作重点是：

①比赛开始前召集发令员和终点报时、记时员，统一计时工具的时间；

②严格按预先排好的出发顺序呼点运动员及时就位；

③检查运动员的号码布佩戴、使用的器材等情况。

（3）发令员：发令员按预先确定的时间间隔发出信号，确保运动员准时出发。

（4）检查员：检查员应该由资历较深的选手或经过专门训练的人员组成，在裁判长的直接领导下参加工作。工作重点是：

①赛前准确设置检查点；

②赛中保证检查点点标及其附属设备不丢失、不损坏，并监视各种犯规行为；

③赛后撤收点标。

（5）报时员与记时员：报时员和记时员应富有组织比赛经验。比赛中的主要工作是准确地记录每一名运动员的到达时间。

（6）收卡员：他主要负责按顺序从到达的运动员手中收取检查卡片，以便交成绩计算员使用。

（7）顺序监督员：由于比赛中可能会有几名运动员同时到达终点，在这种情况下，报时员、记时员和收卡员的工作就难免会有疏忽，因此设立顺序监督员是很有必要的。他的主要责任就是认清运动员通过终线的先后顺序，以便协助成绩的判定。

（8）传卡员：负责从成绩计算员手中接过经过认真计算的检查卡，交裁判长等人审核。

（9）检查卡验证人：检查卡验证人应由"局外"人员（如领导、观察员、赞助单位代表等）担任。他负责检查运动员检查卡上的点签是否正确。

（10）成绩验证人：成绩验证人亦应由"局外"人员担任。负责检查计算员的工作。一般应根据检查卡上记载的运动员出发与到达的时间再计算、核对一次。如果成绩确实无误，经检查长、检查卡验证人同意，交记录公告组正式公布。

上述裁判人员的分工情况，只是一种"标准的"设计。在实际比赛中，应本着既保证工作，又节省人力的原则，根据比赛规模的大小、等级的高低增减人数。在人手较少的情况下，通常采用出发区人员职责由终点人员兼任的办法。

二、裁判组的工作程序和方法

（1）在比赛前派出检查员（人数按实际需要），设置检查点及其他附属设备。在停车场（集合地点）设立报到处。主要工作有：
①按比赛编组查验人员的到达情况，如有变化，还应临时进行编排。
②讲解比赛注意事项。
③发放号码布、指卡、检查卡片。
④引导即将出发的运动员前往出发区。
⑤按图设置出发区。

图 11-1 中右侧的标图区只是在比赛用地图上未标印比赛路线的情况下设置（在矮桌或大图板上放置若干比赛基本图和红圆珠笔，供运动员转绘比赛路线用）。若地图上已标印上了比赛路线，则不设标图区，同时，地图图箱应放置到最后一格"待发"格中。

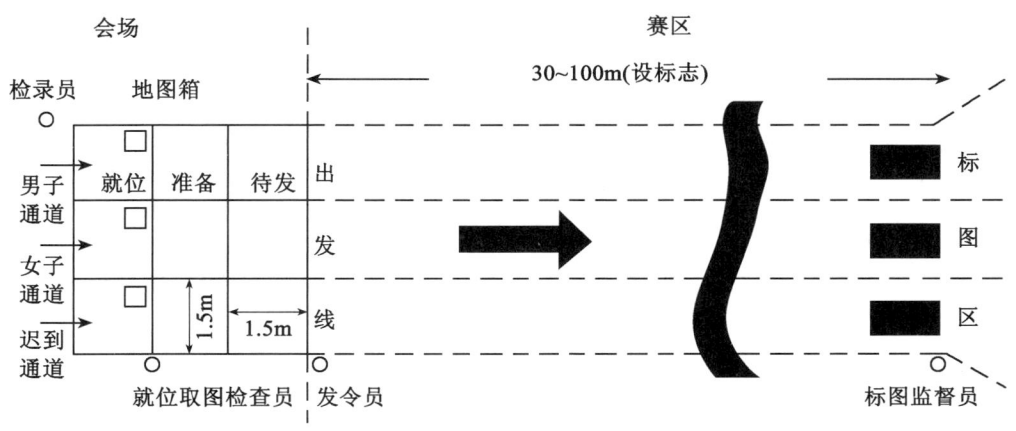

图 11-1 起点示意图

（2）出发区工作人员各就各位，履行职责。

①检录员应提前一定时间，按出发编组、顺序呼点运动员做好进入出发区的准备，检查运动员的号码及器材，就位、取图。

②检查员在运动员就位、取图时应注意纠正运动员进错通道或多拿、拿错地图的情况。

③发令员除履行自己的职责外，也应协助纠正运动员的错误。对于严重违反规定的（如多拿图、抢跑等），应严肃警告直至向裁判长提出取消其比赛资格的建议。

④标图监督员只负责提醒运动员爱护比赛基本图，不要绘错路线。对于运动员因粗心大意而绘错路线和检查点位置，责任自负。

⑤点标检查员在检查点附近隐蔽观察，认真履行自己的职责。对于运动员的犯规行为，一般采用警告方式，严重的则通过通信设备或在返回会场后向裁判长提出处罚建议。

⑥终点工作人员由于运动员出发后需要经过一段时间才可返回终点，因此，在比赛刚开始，终点工作人员可暂不就位。就位的时机，由裁判长统一掌握。从第一个运动员返回会场开始，终点工作人员的工作即开始。预告员要从便于观察的位置上，及早通知其他工作人员做好准备。

⑦报时、记时员要根据预告员的报告及自己的观察，提前记下运动员到达的顺序、号码，在运动员胸部的垂线通过终线的瞬间，记录时间。时间精确至秒，秒以下的小数采取四舍五入。报、计时工具最好使用带有打印装置（功能）的自动计时器。若使用秒表，至少应在比赛出发时同时开动3块，一块由发令员使用，一块由报时员使用，一块备用。如图11-2所示。

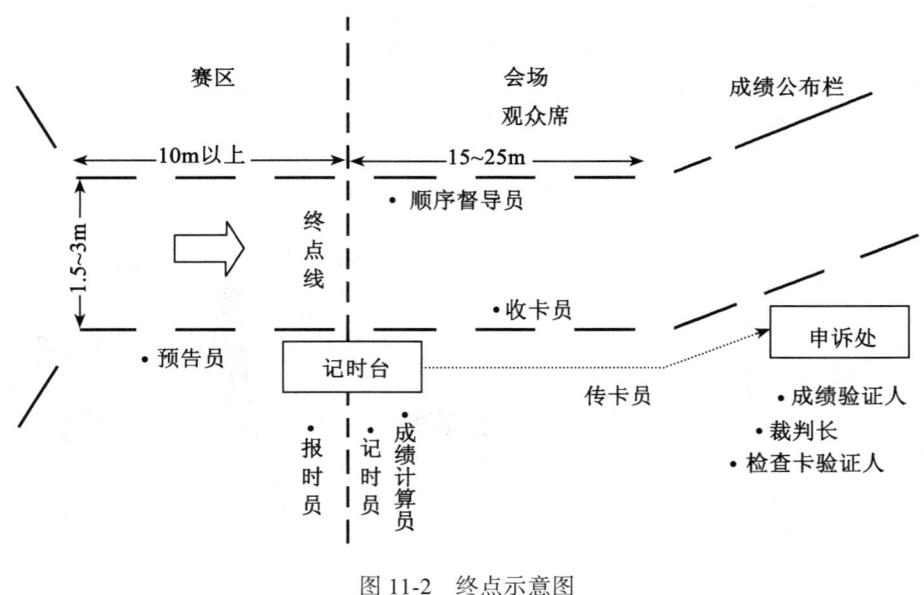

图11-2 终点示意图

⑧收卡员要招呼运动员将检查卡片交来，然后在顺序监督员的协助下，严格按顺序叠放卡片并交成绩计算员计算。

⑨对于这些已计算过的,并有严格顺序的检查卡片,传卡员应小心理齐(可用别针或橡皮筋按 10~20 张暂时束在一起),迅速传到检查长、检查卡验证人、成绩验证人处,供他们审核。

三、记录公告组

记录公告组应由一定比例的熟悉定向越野的人员与其他专门人员组成,数量根据工作需要确定。对他们的原则要求是:工作认真仔细、有较强的责任心。

(1) 记录公告组在比赛前的主要工作有:准备会标、设计成绩公布栏、收集广播宣传资料、制作成绩记录表册等。

(2) 在比赛中的主要工作有下列几项:

①在比赛会场用广播、图片、广告等进行宣传工作,重点宣传开展运动的一般情况、本次比赛的组织情况、参赛选手的情况。

②在广播和公布栏上公布经过裁判长、检查卡验证人、成绩验证人审核的运动员或代表队的成绩。

③安排与组织比赛所需的礼节、仪式。

④在比赛的全过程中,注意收集、整理各种资料,以便满足新闻、史料等方面的需要。

四、保障组

建立高效率工作的保障组在一次比赛中是必不可少的,它的工作的许多环节都会直接影响比赛的进程。因此,要挑选最合适的人员组成保障组。保障组的主要工作任务如下:

(1) 比赛前了解比赛的经费状况、活动地域、行车路线、定向越野比赛组织工作。

(2) 比赛中,工作人员的数量视比赛的等级和参赛人员多少而定。并根据参加人数和气候、安全等情况,以便制定可行的车辆、住宿、饮食、医护及其他生活保障计划。

(3) 视情况为比赛设立医疗点、销售点(供应纪念品、资料、饮食用品等)、贵重物品与行李保管站等。

第四节 定向比赛后的工作

定向比赛的赛后工作指运动员成绩出来后到整个比赛结束的有关工作,它包括申诉与仲裁、总结颁奖等。

一、赛后的具体工作

(1) 撤收检查点和出发区、终点的设备。
(2) 将比赛编组、出发顺序、运动员成绩统计等材料交记录公告组使用。
(3) 解答运动员提出的除诉讼以外的有关比赛的咨询。
(4) 协助其他各组的撤收工作。

二、犯规与处罚

1. 犯规

有下列行为之一者即为犯规，应取消比赛资格：
(1) 有意妨碍他人比赛（包括犯有同一性质的其他任何不良言行）者。
(2) 蓄意损坏点标、点签和其他比赛设施者。
(3) 比赛中搭乘交通工具行进者。
(4) 未通过全部检查点，而又伪造点签图案者。

2. 违例

有下列行为之一者被视为违例，应给予警告。裁判人员将根据违例的性质和程度，采取从降低成绩直至取消比赛资格的处罚：
(1) 在出发区越位（提前）取图和抢先出发者。
(2) 接受别人的帮助，如指路、寻找点标、使用点签者。
(3) 为别人提供帮助，如指路、寻找点标、使用点签者。
(4) 为从对手的技术中获利，故意在比赛中与对手同路或跟进者。
(5) 故意不按比赛规定顺序行进者。
(6) 不按规定位置佩戴号码布者。
(7) 有其他违反比赛规则行为者。

3. 成绩无效

有下述情况之一者，比赛成绩将被判为无效：
(1) 有证据表明在比赛前勘察过路线者。
(2) 未通过全部检查点，即检查卡片上点签图案不全者。
(3) 点签图案模糊不清，确实无法辨认者。
(4) 在检查卡片上不按规定位置使用点签者。
(5) 在比赛结束（指终点关闭）前不交回检查卡片者。
(6) 超过比赛规定的终点关闭时间（检查点一般也在同一时间撤收）而尚未返回会场者。如确系迷失方向，应向附近任意一条大路或原检查点位置靠拢，等候工作人员的处置。
(7) 有意无意地造成国家或他人的重大经济损失和破坏自然风景者，由此带来的一切后果，责任由肇事人承担。

三、特殊情况的处置办法——仲裁方法参考

1. 特殊情况种类

在定向越野比赛中，某些特殊的情况是可能出现的，例如：
(1) 检查点被无关人员拿走或遭自然破坏。
(2) 检查点的位置与图上的位置不符。
(3) 比赛中出现个人或团体的成绩完全相等。

2. 处置办法

对于这类问题，通常应在比赛前的准备阶段由筹备组长领导各委员仔细研究、确定处置办法，形成文字，由技术委员在制定比赛规程时列入。如果这些问题是出现在比赛的过程中，则应由裁判长决定处置办法（参见裁判长职责）。当某个领导小组成员对裁判长的决定有异议时，应经比赛领导小组组长同意，召集全体成员，以举手表决的方式另行选择处置办法，但必须获得四分之三以上的多数通过。对于在比赛后提交到领导小组的诉讼，原则上也应按此办法处理。

第五节　校园操场（百米）定向越野赛事组织

操场（百米）定向比赛项目在我国越来越受到大中小学师生的青睐，为了进一步推广定向越野在校园中开展，促进定向越野教学、训练和比赛，特在本节介绍操场（百米）定向。

一、校园操场（百米）定向的特点

百米定向赛是近年来出现的定向运动新型比赛项目。它具有观赏性高、对抗性强、参赛门槛低、组织难度不大等特点，它能够锻炼学生的反应能力和奔跑速度，检验定向越野课堂教学效果，有效考查学生定向越野基本技术和技能掌握程度。由于操场（百米）定向具有操作简单、比赛易于组织、成本低，观赏性和趣味性强等特点，一经推出就受到了广大青少年和体育老师的喜爱，并受到国际定向组织的高度关注。

（1）校园百米定向比赛场地范围小。

由于百米定向赛的场地只需 100 米×100 米左右，点标与点标间距离仅几十米，能提高练习者快速反应能力，因此，非常适合校园定向教学和开展定向活动。遵照定向技术原理和定向比赛规则，可在学校操场或公众广场采取人工布景的方式组织百米定向比赛。

（2）百米定向对选手的奔跑技能提出了很高的要求。

校园操场奔跑条件好，选手比赛到访各检查点打卡过程中通常处于高速奔跑状态。有资料统计在校园百米定向比赛中选手的平均心率达到 170 次/分钟。因此，百米定向运动对抗性强，观赏性高，锻炼的是参赛者的无氧代谢能力。

（3）百米定向比赛的出发有别于其他定向比赛。

一般以 3~4 人为一组同时出发，跑相同的路线。其目的是检验选手判断的独立性和抗干扰能力，也增加了比赛的对抗性。而比赛的形式则采用淘汰制，如一组队员必须淘汰两名，胜出选手与其他组胜出选手再编组进行不同路线的比赛。依此类推，直至决出名次。因此，选手在比赛过程中必须保持独立思考，选择最佳路线，尽可能地在同组选手中取得领先优势。跟随跑只会让自己更快地迷失站立点位置和丧失有效成绩的把握程度。

（4）百米定向对选手的读图记图及随时定向能力提出更高要求。

对地形地貌和国际检查点说明表的理解要求准确、快速，参赛选手面对面竞争造成的心理压力比其他定向比赛更显突出，百米定向尤其是对选手在高速奔跑下的短时间内读图、作出正确判断是个挑战，是对选手智力、体力、心理素质的综合考察。在组织比赛过程中通过充分利用场地、器材的变化，帮助学生更好地掌握定向越野的技术和技能动作。

（5）校园百米定向教学时必须注意的问题。

①学生在没有被淘汰前不能观看其他学生在场地上的定向比赛过程，而且出发点位置与场地不能通视。只有被淘汰出局之后才可以观赏别人的比赛过程。

②由于看图判断和跑的速度都很快，最好在教学过程中使用电子打卡设备，以确保教学效果的真实性和趣味性。

二、校园操场（百米）定向的场地设置要求

百米定向教学、训练和比赛场地可安排在校园通视度较好的地域，场地最好具有一定的人工地物或高大树林且能通行；地图比例尺为1∶500，并能将场地内地貌、地物都标绘在图上；定向路线距离小于600米，检查点数一般为6至14个（整个场地点标可设置多于比赛用点标，非比赛用点标是用来迷惑的）。场地设置数条路线，以淘汰的方式取该条路线的第一名进入下一轮，如此反复几轮，决出名次。由于校园百米定向练习所需要的场地不大，因此，校园百米定向教学、训练、比赛的场地通常选用操场，有条件的学校可以选择校园或公园的某一处。所选择的场地应当具备以下特征：地貌应有一定起伏，可用地物较多，植被覆盖度高，有可穿越的树林，提供多种路线方便学生选择，确保学生的运动技术和技能得到发挥。

三、校园操场（百米）定向图

百米定向地图比例尺一般为1∶1000或者1∶500，由于百米场地区域范围较小，所以对地图的精确度要求十分高（见图11-3）。百米定向一般在学校操场、广场上面进行，因此地图符号比较单一，易于奔跑。

四、校园百米定向路线设计的要求

由于校园百米定向场地有一定的局限，要求在路线设计时不能完全按照野外定向运动的路线设计原则。

（1）比赛线路的直线距离一般为150~400米，设置6~14个点标，点标之间的距离为10~40米。一条竞赛路线应尽量避免交叉路线和锐角路线现象，还应避免整条路线各点单纯地顺时针或逆时针方向的现象，而应设计点标之间顺时针、逆时针方向交替的竞赛线路。充分利用场地内的相似地形来设计点标，在实地相邻相似地形处都放置打卡器，以充分考验选手精确定向技能。

（2）起点、终点和比赛区要进行严格控制，不允许与未出发选手进行交流。因此，往往把起点、终点设置在相距较远处。由于百米定向是一组选手同时出发跑相同的路线，由此造成在同一检查点同时到达的情况。因此，在条件允许的情况下应在各检查点放置两个或更多打卡器，以保证竞赛的公平性。

（3）百米定向出发的独特性，意味着同组选手打终点卡座的先后即是其名次的排定。因此，设置更多的终点卡座和便于选手冲刺的终点空旷地，更能体现百米定向的公平性和对抗性。

（4）校园操场（百米）定向练习方法实例。

①练习方法A：起点、终点在场地中央，起点出发后跑向1号点，打卡后向1号点的相反对应点2号点跑去，打卡后跑向1号点的顺时针方向的另一点即3号点，打卡后向相反对应点跑去。依次类推，直到跑完所有点后回到终点。每组可有6人同时出发，每人依次跑向不同的第一点（见图11-4）。

②练习方法B：起点、终点在场地中央，在起点出发后跑向1号点，打卡后跑向起点打卡，然后跑向1号点的顺时针方向的另一点即2号点，打卡后重新跑回起点打卡，然

第五节　校园操场（百米）定向越野赛事组织

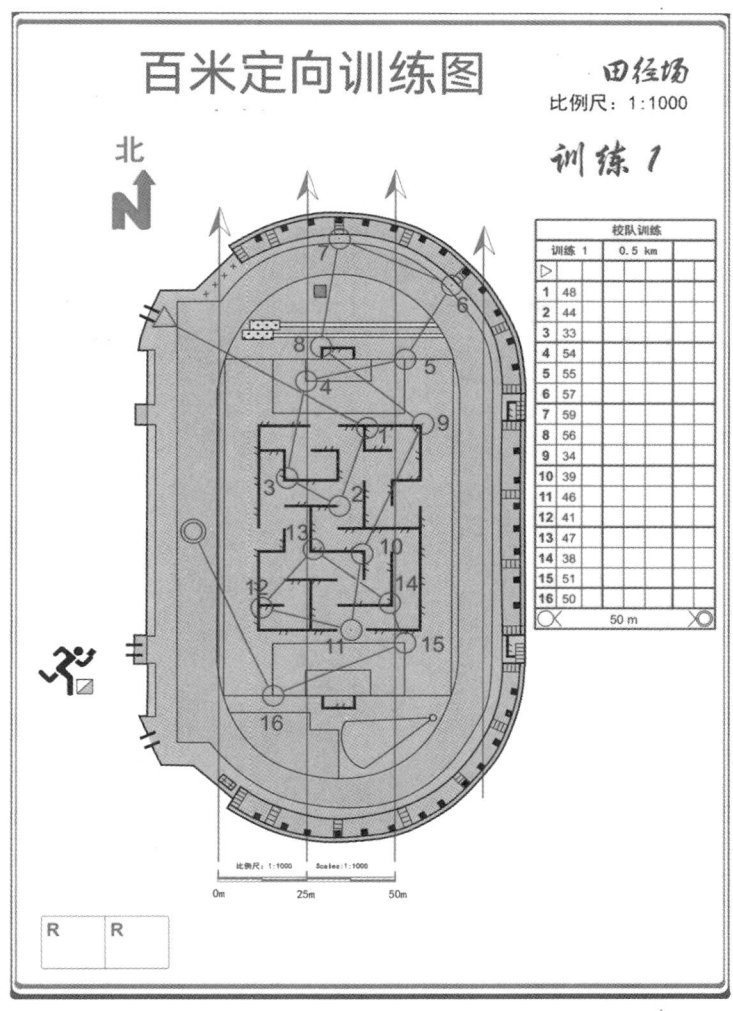

图 11-3　校园操场定向地图

后向 3 号点跑去。依次类推，直到跑完所有点后回到终点。每组可有 6 人同时出发，每人依次跑向不同的第一点（见图 11-4）。

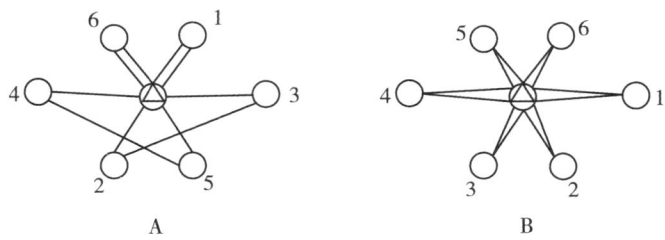

图 11-4　百米定向练习示意图

143

☞**复习思考题**

1. 定向比赛筹备阶段的基本工作有哪些?
2. 定向比赛筹备组中筹备委员应具备哪些条件?
3. 定向比赛筹备组委员的具体工作有哪些?
4. 裁判组主要成员是如何分工的?
5. 简述裁判组的工作程序和工作方法。
6. 定向比赛赛后的具体工作有哪些?
7. 定向比赛中哪些情况属犯规、违例?

第十二章 定向越野竞赛规则

第一节 总 则

一、竞赛项目

(1) 个人赛:运动员单个竞赛,成绩取决于个人技能。
(2) 团体赛:运动员单个竞赛。运动队成绩为全队运动员个人成绩(时间、名次或得分)的总和,同时也可以计个人成绩。
(3) 多日竞赛:在多日竞赛中,运动员的个人成绩是每日竞赛成绩(时间、名次或得分)的总和。
(4) 接力赛:接力队须有3名或3名以上运动员,每名运动员像个人赛一样跑完一个赛程。
(5) 小组赛:每组有2名或2名以上运动员,运动员一同或部分分散完成竞赛。

二、竞赛分组

(1) 根据性别和年龄划分组别。女子组代号为(W);男子组代号为(M),详见表12-1。
(2) 组别:按年龄段划分。

表 12-1 竞赛分组

女子组	男子组
W10-11	M10-11
W12-14	M12-14
W15-17	M15-17
W18-20	M18-20
W21-	M21-
W35-	M35-
W40-	M40-
W50-	M50-
W60-	M60-

(3) 运动员在同一场竞赛中，只能参加一个组别的比赛。

(4) 同一年龄组因参赛人员过多，可以划分为相同标准的几个小组，代号为 1、2、3 等。如：M12-1（男子 12 至 14 岁 1 组），W15-3（女子 15 至 17 岁 3 组）。

(5) 不同年龄组可以合并。如：W40-60（女子 40 至 60 岁）；也可细分，如：M45-49（男子 45 至 49 岁）。高级组的代号为 E，如：WE18-20；ME21-。

(6) 小组赛的代号为 G，如 MG12-14（男子 12 至 14 岁小组赛组）。

(7) 接力赛应列出每一赛段允许参加的年龄组。

(8) 特殊情况下，W35-，M35-或更大年龄组的运动员可以参加比他们年轻的 M21-、W21-年龄组比赛。

三、竞赛的参加者

(1) 运动员：凡符合竞赛规程要求的选手均可参加竞赛。

运动员的义务和权利：

①熟悉并遵守定向运动竞赛规则、规程及有关规定。

②尊重裁判员、服从裁判、积极支持和协助大会工作。

③在竞赛中有权向裁判员询问有待解决的问题。

④有权通过领队或教练员对竞赛、裁判工作提出建议和意见。

(2) 领队：领队是代表队的领导人，参加竞赛的单位应派领队一人（可由教练员或运动员兼任），其职责如下：

①熟悉并要求代表队全体人员遵守竞赛规则、规程和各种规定。

②负责运动员与主办者及组委会之间的联系，及时向本队传达组委会及裁判委员会等部门的通知和决议。

③对竞赛和裁判工作的意见，应以口头或书面的形式提出。凡提出与成绩有关的意见，不得超过成绩公布后一小时。

(3) 教练员：参加竞赛的单位应派教练员（可由领队或运动员兼任）在技术上指导运动员，并协助领队工作。

(4) 竞赛期间运动员的安全问题由本人负责。运动员不得使用任何违禁药物，裁判委员会有权在赛前及赛后进行检查。

(5) 运动员自备指北针、手表。禁止携带通信工具、步程计等其他辅助器材。

(6) 运动员应佩戴组委会分发的号码布，胸前、后背各戴一个，号码布尺寸为 20 厘米×24 厘米，号码数字高度为 12 厘米。

(7) 参加竞赛的人员应爱护竞赛场地设施，保护自然环境。

四、竞赛组织委员会

竞赛组织委员会（简称组委会）是竞赛的承办者。由主办单位会同有关单位协商组成。

(1) 竞赛组委会负责竞赛的组织领导工作。组委会应根据竞赛规则，保证竞赛的公正。

(2) 竞赛组委会应根据有关规则、规定制定本次赛事的竞赛规程。
(3) 竞赛组委会，最迟应在竞赛前 2 个月发出竞赛邀请书。竞赛邀请书应包括下列内容：
①竞赛名称、日期、形式和项目。
②竞赛主办单位及竞赛组织委员会成员。
③竞赛组别、接力赛不同赛段允许的组别。
④各年龄组的竞赛距离，接力赛各赛段的距离（准确到千米）。
⑤地图比例尺、等高距。
⑥参赛队的组成。
⑦报名地址和截止日期。
⑧报名费和其他费用的支付方式。
⑨此次竞赛的规程。
(4) 组委会：由主任、副主任及委员若干人组成。组委会下设技术组、裁判委员会、秘书组、后勤组，并任命总裁判一人。
(5) 组委会：负责与当地政府及比赛场地主管部门联系并协助主办单位筹措竞赛经费。
(6) 技术组：负责选择竞赛场地，路线设计、地图准备、安全保证等。
(7) 裁判委员会：负责竞赛实施和确定的竞赛成绩并监督竞赛参加者遵守竞赛规则和规程。
(8) 秘书组：负责有关竞赛的文书工作，宣传工作，接待工作，组织参观、开幕、颁奖仪式程序安排等。
(9) 后勤组：负责竞赛的物质保障及临时设施的设置，交通运输等。
(10) 组织竞赛的工作人员均应佩戴明显的标志。

第二节 技 术 规 则

一、竞赛区域

(1) 竞赛地区应选择地形比较复杂，植被较多的地区，应能为设计难度高的竞赛路线提供可能性。
(2) 下列地区不适宜组织定向运动竞赛：地形变化少、行进参照物很少、道路网密集、高密度的森林、高差大的单面山坡、建筑群与大湖泊区、不能通行的悬崖、峭壁与沼泽地、自然保护区。
(3) 竞赛区域不应具有使本地运动员获益的自然条件特点。
(4) 竞赛区域应保密，并应在此次竞赛前尽可能长的时间内没有用于定向运动；以免有人因熟悉地形而获益。
(5) 举办过定向运动竞赛的场地，在三年内不得再用于全国性竞赛。

二、竞赛用图

（1）竞赛用地形图的绘制应以国际定联颁布的《国际定向运动地图制图规范》为依据。

（2）地图比例尺为1∶10000或1∶15000，等高距为5米。

（3）竞赛用图应是现势性强的。使用现有地图，当地形变化较大，足以影响比赛时，应在图上加印新内容或赛前向各领队说明情况。

（4）竞赛地图所含区域的大小，不必大于运动员比赛的需要。

（5）竞赛前不准出售、分发和展示竞赛用图。

三、竞赛路线的设计

（1）路线设计应充分体现公正比赛和定向运动的性质。竞赛路线的设计应能同时考验运动员定向和奔跑两种技能。

（2）路线设计应避开苗圃、播种地、有农作物的田地、铁道、汽车道内和标有"不准入内"的区域。

（3）竞赛路线的设计难度应与参赛者的技能水平相适应。设计路线时，应注意设置具有可选择性的路段，迫使运动员利用地图判断地形并由此做出抉择。路线设计应尽量避免运动员之间有互相参照的可能性。

（4）如有可能，竞赛中，男、女项目应使用各自的检查点。

（5）竞赛路线的起点和终点可以设在同一地点，也可分设在不同地点。

（6）寻找检查点的顺序由竞赛组织者规定，并监督执行，运动员应遵守该规定。

（7）检查点之间的距离以500~1000米为宜。

四、竞赛距离与爬高量

（1）确定竞赛距离时，除要考虑组别的因素外，还应考虑比赛地区的复杂程度、季节、竞赛开始时间和其他对比赛可能产生影响的因素。

（2）竞赛距离，以运动员可能选取的最短的路线为准，不顾及高差的影响。

（3）在确定竞赛距离时，下面提供的预计完成全赛程的时间，作为主要考虑因素，而用公里表示的距离只作辅助参考。

（4）各年龄组的竞赛距离和预计完成全赛程的时间见表12-2。

表12-2　　各年龄组的竞赛距离和预计完成全赛程的时间

组别 女子组	最大距离（千米）	完成时间（分钟）	组别 男子组	最大距离（千米）	完成时间（分钟）
W10-11	2	20	M10-11	2	20
W12-14	4	30	M12-14	5	40
W15-17	6	40	M15-17	8	50

续表

组别 女子组	最大距离（千米）	完成时间（分钟）	组别 男子组	最大距离（千米）	完成时间（分钟）
W18-20	8	55	M18-20	12	70
W21-	9	60	M21-	16	85
W35-	8	55	M35-	12	70
W40-	7	50	M40-	11	65
W50-	5	40	M50-	8	55
W60-	4	35	M60-	6	45

（5）对于W18-20，W21-，M18-20，M21-年龄组可以组织竞赛距离和完成时间最多为上表规定2倍的长距离定向越野竞赛。

（6）夜间竞赛、接力竞赛的完成时间应减少约20%，多日赛应比规定的完成时间减少20%~40%。同一年龄组若分成许多小组进行比赛，完成时间应减少10%~15%。

（7）路线设计应使最佳路线的总爬高量不超过其总长度的4%。

（8）组委会可以规定运动员跑完全赛程的时间，竞赛中超过该时间的个人和运动队不再排列名次。

五、竞赛路线在地图上的表示

（1）起点用等边三角形（边长7毫米），检查点用圆圈（直径5~6毫米），终点用两个同心圆（直径5毫米和7毫米），一般最后一个检查点至终点为必经路线，必经路线用虚线表示。

（2）三角形或圆圈的中心点表示某地物的准确位置，但中心不必绘出。

（3）检查点按规定顺序注记编号，编号数字要垂直于南图廓，编号数字应以不压盖图上重要目标为宜。

（4）除必经路线外，起点到检查点及检查点之间按编号顺序用直线连接；遇有重要目标又不能避开时，连线应断开或画得更细些。

（5）竞赛路线、起点、检查点、终点符号、检查点编号一律用红紫色套印或标绘。

六、检查点说明

（1）检查点说明的作用是具体描述地图上标示的检查点位置。检查点说明应用专门的符号表示，也可用文字说明。

（2）检查点说明表，应在竞赛前随地图一同发给运动员。

（3）国际性比赛应使用国际定联制定的《检查点说明符号》。检查点说明表随图发放，也可在竞赛前一天发给参赛运动员。

七、检查点标志

（1）每个检查点应安放检查点标志（简称点标）。检查点标志由三面标志旗连接成三棱体，每面标志旗的尺寸为 30×30 厘米，沿正方形的对角线分开，左上部为白色，右下部为橙红色。夜间定向检查点同时应有光源。

（2）检查点标志应悬挂在图上标明的地点，一般距地面 80~100 厘米，实际位置应与检查点说明表一致。

（3）检查点标志应有一代号，代号用一个拼音字母或两位数字表示，数字从 31 开始选用。字母或数字为黑色，字高 6~10 厘米，笔画粗 6~10 毫米。

（4）检查点标志的设置应使运动员在寻找时具有一定的难度，但无需隐藏。

（5）每个检查点备有打印器。各个打印器的图案不得重复。

八、检查卡片

（1）检查卡片最迟应在出发前 10 分钟发给运动员。

（2）在检查点运动员使用该点的打印器，在卡片相应的空格内打上清楚的标记。检查卡片在终点处交还。若标记打错了位置，应在另一个格子中打上正确标记，并由裁判决定是否有效。

（3）运动员丢失检查卡片，则取消其比赛资格。

（4）检查卡片用耐用的卡片纸制成，大小不得超过 10×21 厘米。检查卡上的内容也可印在定向越野地图图廓外空白处，以取代检查卡片。

九、出发顺序的编排

（1）出发顺序，赛前由裁判组织各队教练员抽签决定，出发的安排应使同一个单位的运动员尽可能分开，出发顺序表确定后，不得更改。出发时间表应在赛前公布。

（2）每场竞赛各代表队抽签获得一个序号。同队所有运动员的出发批次由裁判根据"等间隔编排法"和序号确定。

（3）等间隔编排方法如下：参赛队总数 T，每队同组别选手人数 G，同场竞赛不同组别数 I。总出发批次 $P=T\times G$，同队同组别选手之间间隔批次 $A=T$，同队不同组别选手间隔批次 $B=T/I$（有余数时 B 取整数再加 1）。根据 A、B、P 计算出发批次。计算举例：某队抽签序号为 N，同场竞赛有三个组别，每组别有三名选手参赛。出发顺序的编排是：男子组（M15-17）选手 1 第 N 批，选手 2 第（$N+T$）批，选手 3 第（$N+2T$）批；女子组（W15-17）选手 1 第（$N+B$）批，选手 2 第（$N+B+T$）批，选手 3 第（$N+B+2T$）批；男子青年组（M21-）选择 1 第（$N+2B$）批，选手 2 第（$N+2B+T$）批，选手 3 第（$N+2B+2T$）批。当出发批次的计算结果大于 P 时，应取其与 P 的差值。计算举例：某场竞赛队总数 $T=6$，同组人数 $G=3$，不同组别 $I=3$，抽签号 $N=6$ 时，$P=T\times G=18$。此时男子青年组选手 3 的出发批次应为 $N+2B+2T=22$，大于 P，此时该选手正确的出发批次是 22-18=4。

十、出发

（1）出发意味着计时开始。运动员分批出发，每批次运动员出发间隔时间为 2~3 分钟，出发前 2~3 分钟，运动员在出发点领取各自的地图。

（2）出发地点的选择应以运动员在出发前看不到前一名运动员所选择的行进路线为原则。出发点的选择也应确保已到达终点的运动员无法与待出发的运动员取得联系。起点处悬挂起点横幅,并写有"起点 START"字样。

(3) 除有关裁判人员,任何人不得进入运动员等候区,所有运动员至少应有 30 分钟的时间做准备活动。

(4) 如果运动员由于个人原因迟到,且下一批次运动员尚未出发,可在到达起点时立即出发,但计时仍以出发表上的出发时间为准。如果由于主办者的原因,运动员错过出发时间,则应重新定一个出发时间,并通知终点裁判。

十一、终点计时及名次排列

(1) 通向终点的跑道,应用两条带彩旗的绳子引导,并向终点线逐渐收拢。绳子 50 至 100 米。终点线宽 3 米,并应与终点跑道方向垂直。

(2) 终点横幅,长 5 米,宽 0.9 米,上书"终点 FINISH"字样。横幅设置在终点线的正上方 2.5 米高处。必须使运动员在远处能看见终点线位置。

(3) 通过终点线后,运动员应上交检查卡片,如主办者需要,也应交出地图。通过终点的运动员,不得再次进入竞赛区。

(4) 终点计时,以运动员胸部越过终点线时间为结束时间,计时准确到整秒,秒以下小数四舍五入。记录时间可用时、分、秒,也可用分、秒表示。

(5) 依据运动员完成赛程的时间先后,排列名次。如有一名以上的运动员取得相同的成绩,则他们的名次并列,空出下一名次。在成绩单上排在同一位置,但姓名的前后顺序按出发表的顺序排列。

(6) 团体成绩以竞赛中各队选手成绩相加评定。当各队参赛人员较多时,应事先确定参加统计团体成绩的计分队员人数和名单。各组别单项团体成绩,以本队二名最好运动员的成绩相加评定。

(7) 接力赛中,竞赛名次取决于各队最后一段运动员到达终点的顺序。

(8) 如运动员漏过检查点或找错检查点,则运动员的成绩无效。如果不是由于运动员本人的过错造成检查卡片少打标记(如检查点没有打印器或已损坏)并能证明他确已查寻到该检查点,经裁判认可,他的成绩仍有效。

(9) 当最后一批运动员出发,预计完全赛程所需时间的 1.5 至 2 倍时刻为终点关闭时刻,由组委会规定并应在竞赛开始前通告运动员。

(10) 终点处应设置医疗站。

十二、接力赛

(1) 进行接力赛每个接力队的运动员均应按预先定好的顺序,一个接一个地完成一段个人路线,比赛成绩取决于全队所用的总时间。

(2) 接力赛每个队由 3 名或 3 名以上同一级别或混合级别的人员组成。一个队所跑的全部路线必须与另一个队是同等的。

(3) 路线的构成如下:

①整条路线交换法(Motala 法):路线条数与每队运动员的人数相同,每个运动员分配一条路线,每个接力队必须完成全部路线,但顺序不同,每条路线不一定要设置相同数目的检查点,这种路线设计适用每组 4 个人的接力赛。

②路段交换法（Farsta法）：整条路线在一些检查点上分成两条支线，在一些检查点又汇集到一起。这种路线设计适用于参赛队较多的接力赛。

③部分路线交换法（Vannas法）：全部路线以一个共用检查点分成两半，每一半路线按"整条路线交换法"的方法设置。这种路线设计适合三人一组的接力赛。

（4）运动员的交接应在赛段终点后的一段有限距离内以触手方式完成。

（5）个人赛的规则对接力赛的各个赛段竞赛同样有效。

第三节　裁　判　方　法

一、裁判委员会

裁判委员会由总裁判、副总裁判和各组裁判长组成。裁判委员会直接领导竞赛工作，负责竞赛实施和确定竞赛成绩，并监督领队、教练员、运动员遵守竞赛规则。根据竞赛的具体情况，在不违背竞赛规则的原则下，赛前可制定有关规定及提出注意事项。竞赛前，协同有关部门检查场地及竞赛用品，进行裁判人员的分工和训练，做好竞赛的技术准备。

二、裁判机构及人数

总裁判1人，副总裁判1~2人；起点裁判组：裁判长1人，裁判员4~9人；检查点裁判组：裁判长1人，裁判员5~20人；终点裁判组：裁判长1人，裁判员4~9人。

裁判员的人数视竞赛规模增减。副总裁兼裁判组裁判长。起点裁判员可兼任终点裁判员。裁判员应严格履行《裁判员守则》，严肃、认真、公正、准确地执行裁判法。

三、总裁判

（1）遵循竞赛规则，全面领导竞赛的裁判工作。负责组织裁判队伍，并进行必要的训练。

（2）接受组委会领导，执行组委会的有关规定，协调裁判委员会与组委会各机构的工作。

（3）视情况制定有关补充规定和通知，召开裁判员和教练员会议，说明和解答有关规定。

（4）赛前参与竞赛场地选择、路线设计、制订实施计划。竞赛时负责指挥工作。

（5）汇总、裁决竞赛中出现的问题，受理代表队提出的有关裁判工作的申诉和意见。

（6）审核、签署比赛成绩。

（7）副总裁判协助总裁判工作，完成裁判委员会分配的任务，必要时可兼任裁判组的裁判长职务。与有关部门一起负责代表队报到及运动员资格审查。负责组织代表队、工作人员、参观人员按时到达赛区及从起点向终点的转移。

四、起点裁判组

（1）竞赛前组织各队教练抽签，排列出运动员出发顺序表，交裁判长审核后签印。

（2）备齐卡片、地图等竞赛用品，并负责起点地区场地布置、区域划分。

(3) 运动员进入预备区后,负责点名、宣布竞赛规定及注意事项。
(4) 组织运动员出发。维护起点秩序,适时传呼运动员,分发地图,填写竞赛卡片,负责发令和监督犯规行为。

五、检查点裁判组

(1) 请领取检查点标志、对讲机等器材,并按路线设计图准确布点。
(2) 视情况在检查点附近隐蔽设置检查点裁判员,监督运动员行为,并保护检查点标志不被破坏。必要时还可设巡回裁判员。
(3) 及时与指挥台联络,报告竞赛进展情况及发生或发现的问题,保证竞赛顺利进行。

六、终点裁判组

(1) 终点关闭后,组织检查点裁判员撤回,并清点器材。收容迷路、退赛、超时或受伤的运动员。
(2) 检查点裁判不要穿着色彩鲜艳的服装。裁判员不得在竞赛方面给予运动员任何帮助和暗示。

七、犯规与处罚

(1) 下列情况给予警告处罚:
①代表队成员擅自出入预备区,但未造成不良后果的;
②在出发区提前取图和抢先出发者;
③接受别人帮助,如指路、寻找点标等;
④为别人提供帮助,如指路、寻找点标等;
⑤为从对手的技术获利,故意在比赛中与对手同跑或跟进;
⑥不按规定佩戴号码布。
(2) 下列情况,判运动员成绩无效:
①冒名顶替参加竞赛;
②竞赛中使用交通工具;
③有证据表明在竞赛前勘察过路线;
④未通过全部检查点,即检查卡片上打印器图案不全;
⑤打印器图案模糊不清,确实无法辨认;
⑥竞赛结束前(指终点关闭)不交回检查卡片;
⑦超过规定的完成竞赛时间。
(3) 下列情况,取消运动员的比赛资格:
①不符合分组年龄标准或谎报年龄,弄虚作假;
②有意妨碍他人竞赛;
③蓄意破坏点标、打印器和其他竞赛设施;
④未通过全部检查点,而又伪造打印器图案;
⑤没有佩戴大会颁发的号码布;

⑥丢失竞赛卡片。
(4) 其他处理：
①运动员途中因伤病不能继续完成竞赛时，以退赛论，退赛后应尽快向就近裁判员报告；
②出发前运动员因故退赛，领队或教练员应向起点裁判长递交书面报告；
③运动员迟到，且按竞赛顺序下批运动员已进入出发线时该运动员以退赛论；
④运动员在竞赛中损害群众利益，视情节给予处罚，影响竞赛由本人负责，造成的后果及经济损失由本队负责。

八、裁判工作用品

(1) 起点裁判组用品：
①竞赛用图及检查点说明；
②检查卡片；
③计时器；
④发令旗及发令器；
⑤步话机；
⑥起点横幅、绳索；
⑦区域划分标志牌：预备区、参观区、工作区、报到区等；
⑧扩音机一台，小黑板一块；
⑨大遮阳伞、裁判工作用桌、椅等；
⑩画线用白灰或木桩绳；
⑪太阳帽、雨衣、文件夹、文具、器材包等；
⑫起点用表格。
(2) 检查点裁判组用品：
①检查点标志及打印器（含印油）；
②步话机；
③水壶、雨衣、太阳帽、文件夹、文具、器材包。
(3) 终点裁判组用品：
①计时器；
②终点横幅及绳索，挂有小旗的终点跑道标志绳 50~100 米；
③步话机、扩音；
④计算器；
⑤大遮阳伞及桌椅等；
⑥区域划分标志牌、工作区、休息区、参观区等；
⑦成绩公布板；
⑧太阳帽、雨衣、文件夹、文具、器材包；
⑨终点用表格。

九、竞赛总结报告

竞赛结束后（1个月内），组委会应向主办单位和定向运动组织递交总结报告。报告的主要内容如下：

竞赛名称、日期、项目、主办单位、参赛单位、运动员数量、各年龄组数目、竞赛冠军纪录、竞赛场地简况、气象条件、竞赛的特殊规定等。随同总结报告应附有各组竞赛路线的地图。

☞ **复习思考题**

1. 定向越野比赛中竞赛分组有何规定？
2. 定向越野比赛中对参赛者有何要求？
3. 定向越野比赛的技术规则有哪些？
4. 定向越野比赛中各环节裁判员的工作任务有哪些？
5. 定向越野比赛中哪些犯规行为分别属警告处罚、成绩无效、取消比赛资格？

附录 I

扫码可查看 GB/T 20257.3—2017《国家基本比例尺地图图式 第 3 部分 1∶25000 1∶50000 1∶100000 地形图图式》(选用时有删改)。

附录Ⅱ 教学/考试参考图

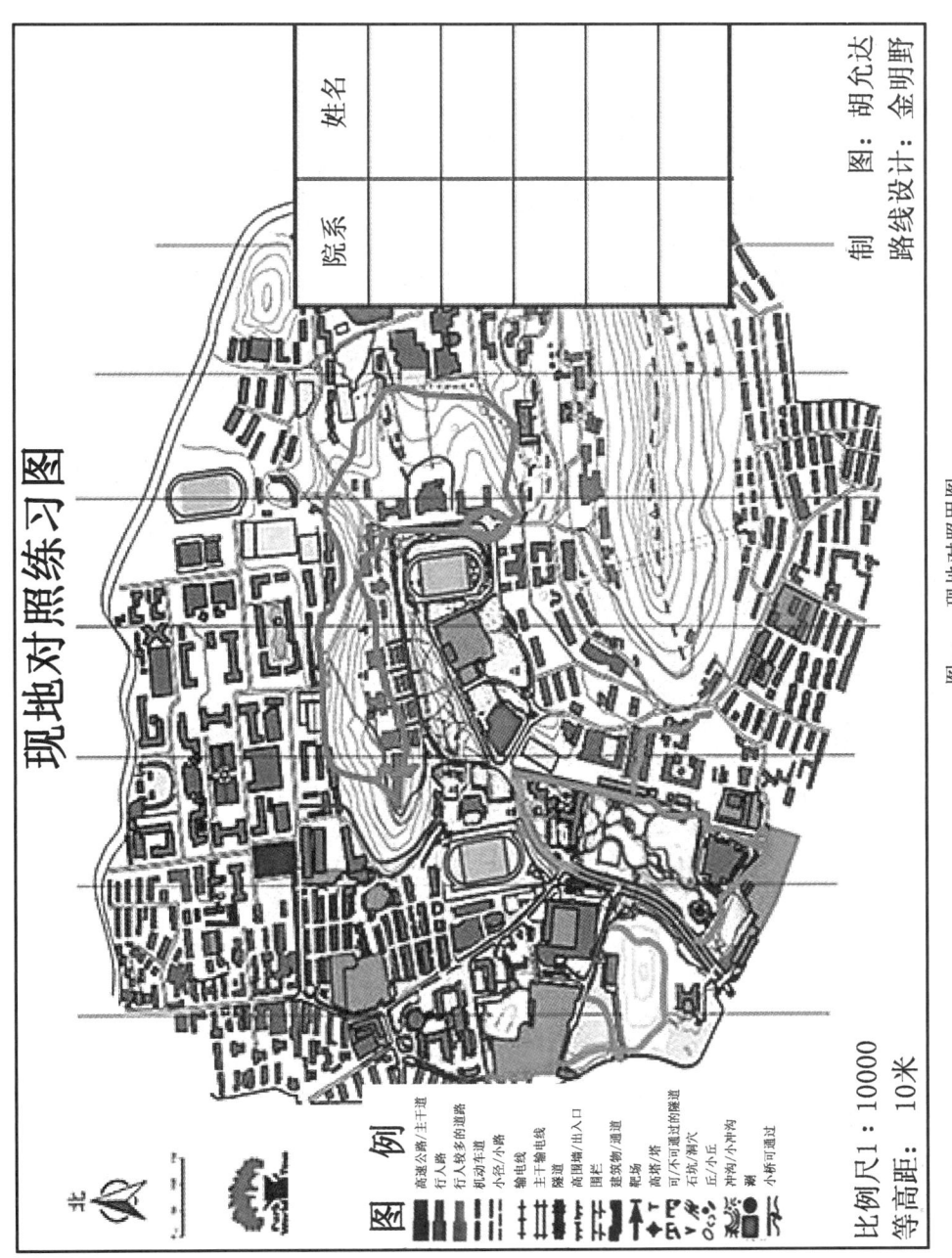

图一 现地对照用图

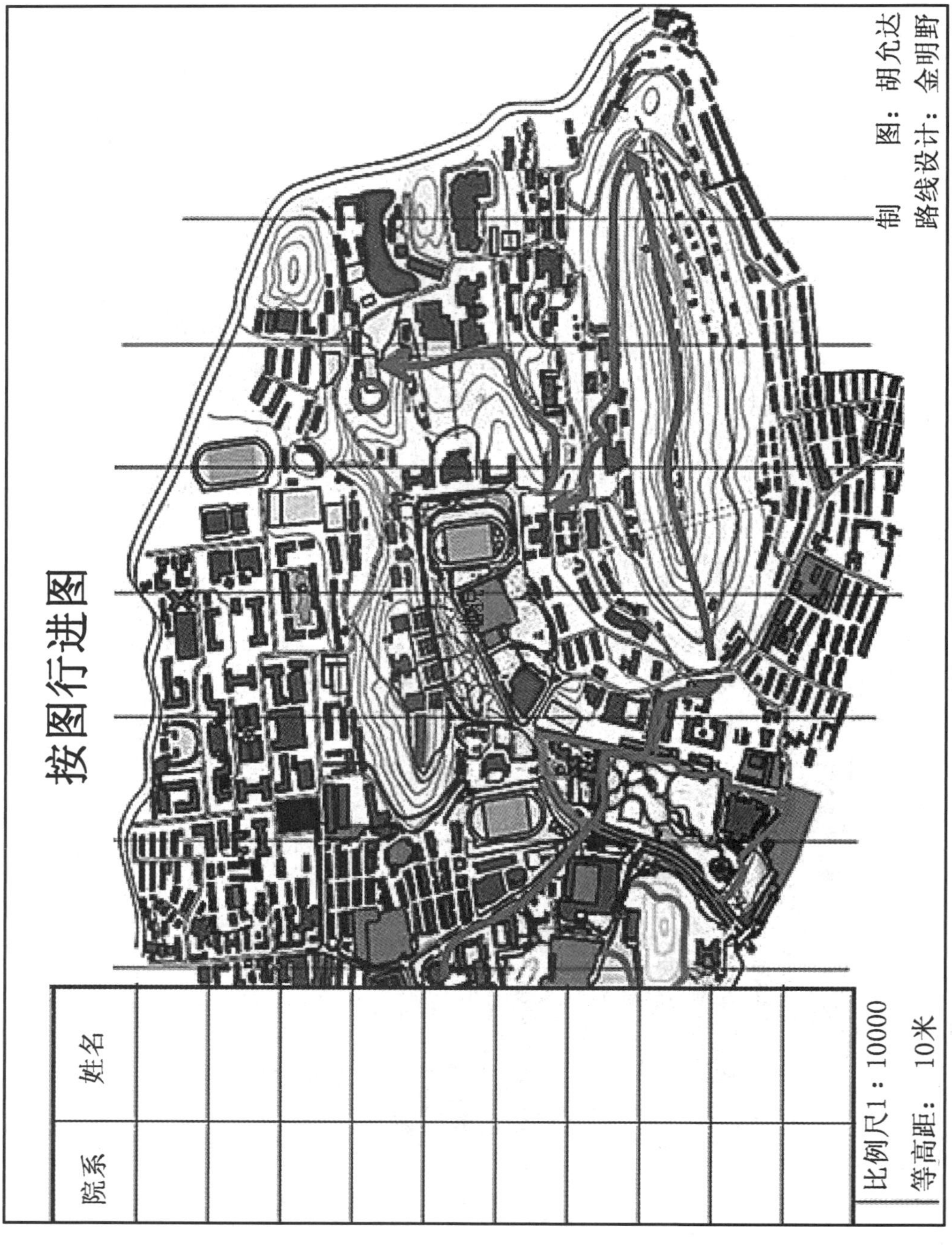

附录Ⅱ 教学/考试参考图

图二 按图行进用图

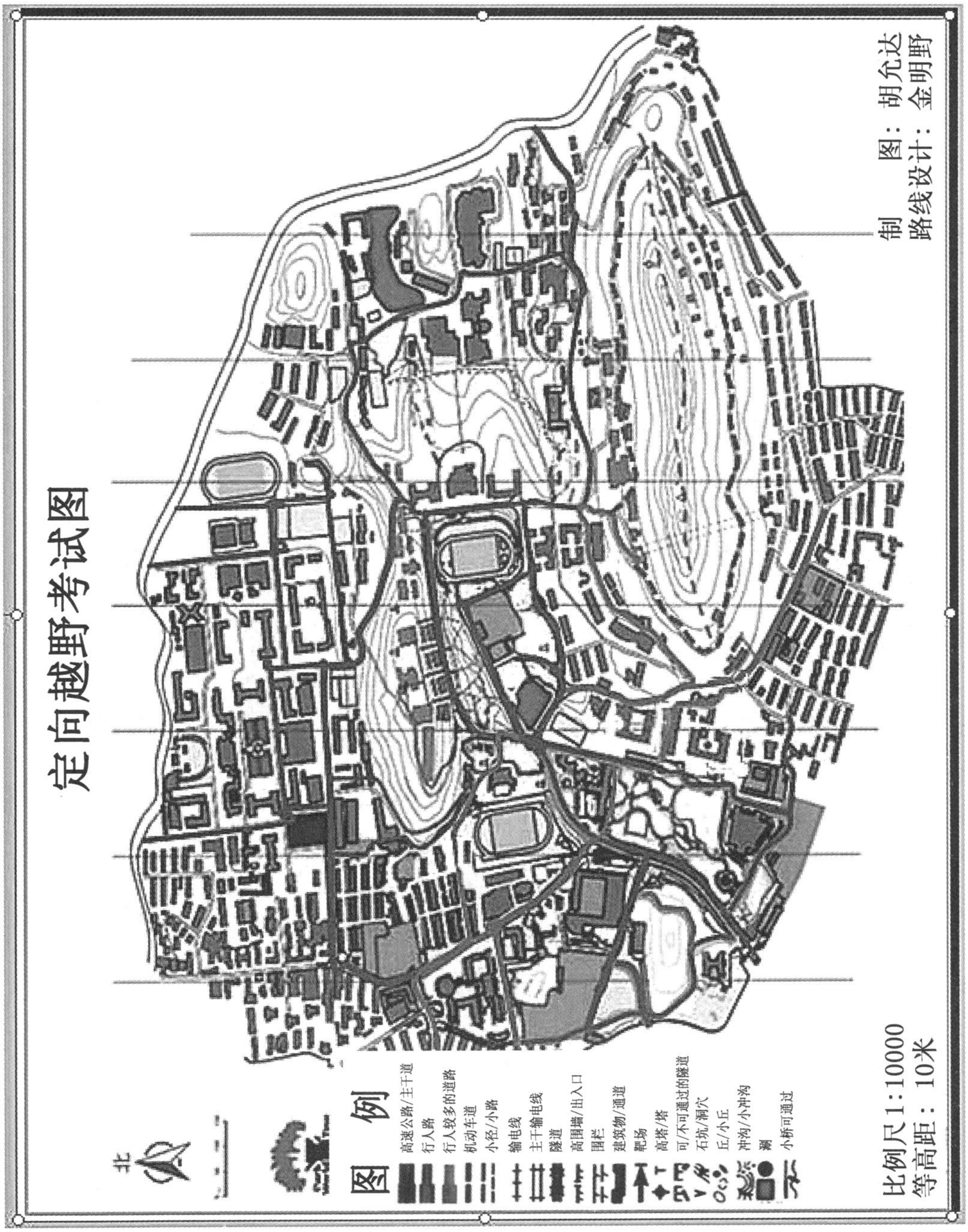

附录 II 教学/考试参考图

图三 点位布置图

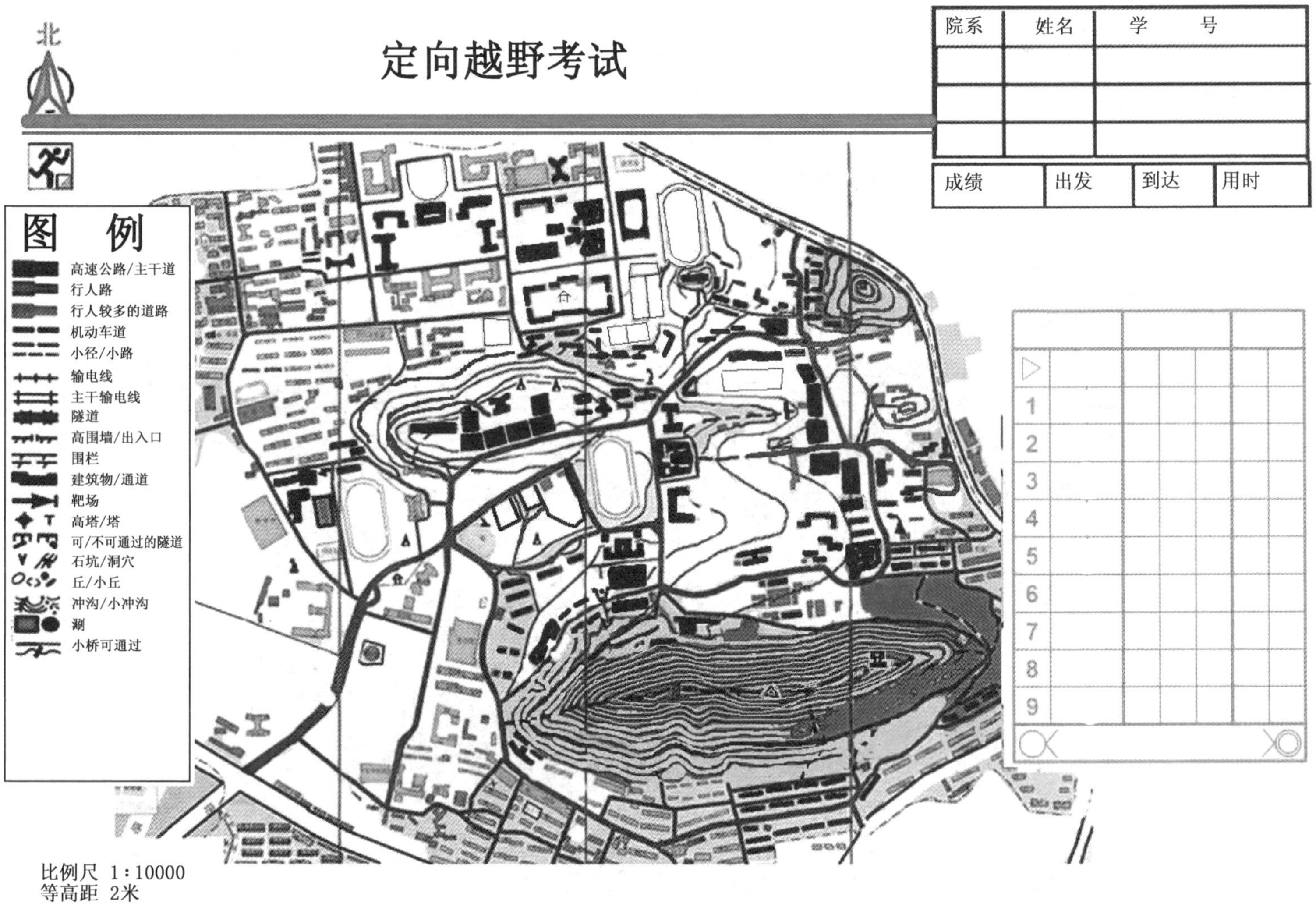

附录Ⅱ 教学/考试参考图

定向越野考试

院系		姓名		学　号	
成绩		出发		到达		用时	

图例
- 高速公路/主干道
- 行人路
- 行人较多的道路
- 机动车道
- 小径/小路
- 输电线
- 主干输电线
- 隧道
- 高围墙/出入口
- 围栏
- 建筑物/通道
- 靶场
- 高塔/塔
- 可/不可通过的隧道
- 石坑/洞穴
- 丘/小丘
- 冲沟/小冲沟
- 灌
- 小桥可通过

北

图四　考试用图样图

比例尺 1:10000
等高距 2米

参 考 文 献

[1] 中国人民解放军总参谋部. 军事地形学（上、下册）[M]. 北京：中国人民解放军战士出版社，1982.
[2] 沈桂荣，甘盛俊. 军事地形学与定向运动[M]. 北京：军事科学出版社，1999.
[3] Goram Andersom（瑞典）定向运动（教师版）[M]. 北京：军事文艺出版社，2002.
[4] 李德银，陈松林. 定向越野指导[M]. 北京：测绘出版社，1989.
[5] [苏] 贝佐夫. E. 军事地形学[M]. 朱润泉，译. 北京：解放军出版社，1990.
[6] 任志刚. 军事地形学知识问答500题[M]. 西安：西安交通大学出版社，2010.
[7] 张照成，刘小明. 军事地形学教学用书[M]. 郑州：河南人民出版社，2010.
[8] 中国人民解放军总后勤部司令部. 军事地形学[M]. 成都：成都地图出版社，1990.
[9] 刘卫国. 军事地形学[M]. 北京：中国大百科全书出版社，2007.
[10] 刘卫国. 中国军事百科全书（96）军事地形学（学科分册）[M]. 北京：中国大百科全书出版社，2007.
[11] 杨向东，沈荣桂. 定向运动教程[M]. 南京：河海大学出版社，2006.